Rolf Friedrich Schuett

Philosophische Formelsammlung

*Ambivalente Gedankenexperimente
und nachsokratische Fragmente*

Rolf Friedrich Schuett

PHILOSOPHISCHE FORMELSAMMLUNG

*Ambivalente Gedankenexperimente
und nachsokratische Fragmente*

Bibliographische Information Der Deutschen Bibliothek:
Die Deutsche Bibliothek verzeichnet diese Publikation in der
Deutschen Nationalbibliographie; detaillierte bibliographische Daten
sind im Internet über **http://dnb.ddb.de** abrufbar.

2. überarbeitete Auflage

Herstellung und Verlag:
BoD – Books on Demand, Norderstedt

Printed in Germany

ISBN 978-3-7562-0288-1

MIX
Papier aus verantwortungsvollen Quellen
Paper from responsible sources
FSC® C105338
FSC
www.fsc.org

„Das Universum ist kein System,
d. h. logischer Zusammenhang.
Sondern hierarchische Struktur von Paradoxen."
(N. Gomez Dávila)

„Es ist seltsam genug, dass man in unserem Lande die Figur des Moralisten in ihrer Legitimität so wenig kennt und schätzt. Wort und Sache stammen aus der französischen Kulturwelt, und die großen Beispiele eines Montaigne und Larochefoucauld sind in der deutschen Welt von heute unbekannt. Schopenhauer und Nietzsche, die in ihnen ihr großes Vorbild sahen, waren Außenseiter der Schultradition der Philosophie geblieben."
Hans-Georg Gadamer: „Philosophische Lehrjahre –
Eine Rückschau", Frankfurt a.M. 1977/1995, S. 209)

„Alles wahre Apercu kommt aus einer Folge und bringt Folge. Es ist Mittelglied einer großen, produktiv aufsteigenden Kette." *(J. W. Goethe)*

„Toute écriture est aphoristique."
(Jacques Derrida :„L'Ecriture et la différence",
Paris 1979, S. 207*)*

Für meine Familie

Kaleidoskop : Was stellt dies Mosaikbild dar?

Forscher erleben jetzt ein wärmeres Klima,
andere ein schlechteres Wetter.

Was dir nützt, das benutzt dich.

Wir sind jung, damit das Leben, und wir altern,
damit das Sterben uns leichter fällt.

Ein Mensch verlässt den Schoß seiner Mutter, bevor er als fertiges
Tier geboren würde, und sollte den Schoß der Gesellschaft verlassen,
bevor er ein fertiges Arbeitstier (Lastesel & Zustimmvieh) geworden ist.

Ein Buch ist ein Mittel, um drei gefährlich kluge Sätze
in Hunderten von Seiten zu verstecken.

Man ist so frei, wie man sich gebunden weiß,
und so konditioniert, sich frei zu fühlen.

Wachsen dir Flügel, bist du im freien Fall.

Die Seele sollte schon in den Himmel fliegen,
bevor der Leib ins Grab fällt, nicht erst nachher.

Stammen die Gesetze der Evolution
eigentlich auch aus der Evolution?

Darwins Ursprung der Denkarten: Nur individuelle Abweichungen
vom Arttypus können ihn auf Dauer verändern.

Das Wort für Ruhe stört sie schon.

Individualist wird heute,
wer allgemeine Individualitätsmuster kopiert.

Menschen sollten ihre Erforschung so nehmen wie Frauen
den Sexualkundler: die Erregung, die sie spüren, ist nicht meßbar,
und die gemessen wird, fühlen sie nicht.

Lehrlinge fällen Vorurteile, Gelehrte Fehlurteile
und Lehrer Gerichtsurteile.

In der Kirche hat der eine Gott drei oder unendlich viele Stimmen,
in der Demokratie nur noch eine einzige, die mehr gezählt als gewogen wird, und seit er totgesagt ist, nicht mal eine gebrochene.

Vergrößere dich nicht, indem du Unermessliches verkürzt.

Die vielen schwarzen Schafe sehen immer nur wenige schwarze.

Die Besten werden unvergänglich,
die Bestien wenigstens unvergesslich.

Freud 2000 : Fresstrieb, Wollustlosigkeit und Geltungsdrang sind weiter
unverdrängbar. Im Oberstübchen des Untertans wohnt der Unterleib
der Obrigkeit.

Neues verschwindet, bevor es veralten kann,
Altes überlebt, bevor es erneuert ist.

Seit Nietzsche hat jeder einen Machtwillen ohne (maskierenden)
Bildungshunger statt einen Wissensdurst ohne Machthunger.

Ausredenlassen heißt Ausreden hören.
Du siehst nichts, und nicht mal das siehst du.

Wenn unsere Kinder heulen, dann schon mit den Wölfen.

Findest du ein Bonmot schlecht, wenn es nicht so gut trifft oder dich
allzu gut trifft? Und wer Einfälle ausarbeitet, weil er nicht pointieren
kann, hat zu wenige.

Wer zahlt, der zählt; wer zählt, der zahlt nicht.

Das Wohl der Menschheit ist eine große Sache,
paßt aber auf jede Zunge.

Die Launen einzelner Tyrannen sind leichter zu bekämpfen
als die Tyrannei eigener Launen.

Weise stehen einen Meter vor der Wahrheit,
Aphoristiker einen Zentimeter dahinter.

Das Fernsehen gibt nur noch ein Leben wieder,
das dem Fernsehen nacheifert.

Rechte Kinder dünken sich Riesen,
rechte Erwachsene halten sich für Zwerge.

Materialisten leugnen unsterbliche Seelen,
Idealisten aber nicht sterbliche Leiber.

In Gemeinschaften bin ich vereinsamt,
im stillen Kämmerlein mit vielen vereint.

Aufgeklärte sehen in aller Klarheit vor allem das Dunkel,
in dem sie stehen.

Man kann mir auch reinen Wein einschenken,
bis ich unterm Tisch liege.

Gedanken, die du verfolgst, entwickeln leicht Verfolgungswahn.

Weniger ist oft mehr, aber nichts ist nicht alles,
und mehr ist oft weniger, aber nicht alles wie nichts.

Eigene Gedanken gibt es nie umsonst.
Sie können den Kopf kosten oder sind keine.

Der Mikrokosmos ist ein Zerrspiegel des Makrokosmos,
aber spiegelt die Quantentheorie auch die Relativitätstheorie?

Kaum eine Öffentlichkeit und Veröffentlichung ist mehr offen für eine andere.

Wo Gott gar keine Rolle mehr spielt, ist er sicher der Autor der ganzen Geschichte.

Seit es keine menschliche Idee mehr gibt von etwas, das mehr ist als jede menschliche Idee, gibt es auch keine Idee vom Menschen mehr.

Eine halbe Zweideutigkeit bedeutet noch keine Eindeutigkeit und Zwietracht keine doppelte Eintracht.

Die größte Kreativität entwickelt *auch,*
die geringste *nur* ihre eigene Theorie.

Physiker novellieren Naturgesetze inzwischen so oft wie Politiker die Strafgesetze. Aber mancher Strafverfolger ruht fast so, als wäre er der Naturgesetzgeber.

Was du dir nicht erklären kannst, erklärt dich.

Die Natur, die ich erlebe, kann der Physiker nicht erklären, und die er erklärt, ist so wenig erlebenswert wie ein Innenleben, das der Psychologe versteht.

Menschen müssen verschieden genug sein, um Regeln zu folgen, und so gleich sein, dass sie Ausnahmen bilden können.

Die Kultur lässt auch die überleben, die von Natur aus untergehen würden, aber rettet Mutter Natur umgekehrt die gesellschaftlich Ausgeschlossenen?

Die *Nachfolge Christi* hatte oft Erfolg als Verfolgungsjagd.

Mit den Eigenschaften, die wir am Menschen gern sähen,
und ohne die Eigenschaften, die wir an ihm am meisten verachten,
würde es ihn gar nicht mehr geben.

Ein Künstler, der Ruhm sucht, will anerkannt sein
als Verkannter.

Der Mensch ist jenes Lebewesen, das seine Bedürfnisse befriedigt,
weil es seine Wünsche nicht erfüllen kann.

Menschen verhalten sich zu Tieren wie plastische Stammzellen
zu reifen Nervenzellen.

Hielt Kant die Zeit für bloße Einbildung,
um die Kürze der Lebenszeit zu ertragen?

Um das Wesen der Welt zu erkunden, reicht weniger
als ein Menschenalter aus; um die Welt selbst zu erkunden,
reicht kaum das Lebensalter der Menschheit.

Wäre ich an sich frei, erschiene ich mir völlig bedingt;
wäre ich eigentlich determiniert, erschiene ich mir gänzlich frei?

Kritik : Welche Krisen lassen sich stoppen, ohne sie zu toppen?

Denken ist kein Wahrnehmen unsichtbarer Dinge
und Wahrnehmung kein Nachdenken über sichtbare Dinge.

Der Schmied seines Glückes schmiedet mehr Hufeisen als Pläne.

Der Zeitgenosse hat genug Zeit, sie nicht zu nutzen, und
gewinnt durch Technik zu viel Zeit, um sie totzuschlagen.

Gesicherter sind Erkenntnisse heute vor alten Wahrheiten
als vor neuen Irrtümern.

Träume : Sehnsucht erreichter Ziele nach unerreichbaren Wegen.

Wer weiterdenkt als ein Aphorismus,
hat einen besseren geschrieben.

Nervenzellen : Kloster-, Gummi- und Gefängniszellen

Wo die Zeit schnell vorübergeht,
kommt die Geschichte nur langsam voran.

Auch der ärmste Narziß
kann sich in sechs Milliarden Spiegeln betrachten.

Wo die Friedenstaube den Schnabel aufreißt,
fällt der Ölzweig raus.

Man hat den Kopf voller Sorgen,
um nicht als Hohlkopf zu gelten.

Wer Beduinen in die Wüste schicken will,
schickt sie nach Grönland.

Ein Kirchturm ist leider auch nicht mehr
der Elfenbeinturm des Heiligen Geistes.

Materialisten denken nicht, was sie sind,
und Idealisten sind nur, was sie denken.

Eheleute von heute vereinigen sich mit ihren Kindern
gegeneinander oder miteinander gegen Kinder.

Auch Kalbsbraten verhüten größere Rindviecher.

Subjekte der Geschichte enden als Objekte der Historiker,
doch wann schreiben ihre Objekte die Geschichte endlich selbst?

Der Kopf ebnet Wege, indem er Erhebungen in Vertiefungen wirft.

Der leibliche Vater bildet den lachenden Dritten im Bunde von Weib
und Kind wie der himmlische Vater im Bunde von Erdensohn und
Mutter Natur.

Zerfällt die Seele mit der Welt, ist Gott der Fall.

Charakterschwäche wird bald verdeckt durch Altersschwäche.

Was dem Menschen heute alles glückt,
erweist sich am Ende als Schweinerei.

Ein Herr macht sich dir geneigt, ein Knecht gebückt.

… und führe uns nicht in gentechnische Versuche
und philosophische Essays darüber.

Der bürgerliche Kapitalismus ließe sich nur aufheben zusammen mit den
vielen Freiheiten, die nur er deshalb konserviert.

Ein Umsturz ist heute die Fortsetzung des Immergleichen
mit ungleich schlimmeren Mitteln.

Seit Jahrtausenden gibt die Natur mathematische Antworten auf
unsere mythologischen Fragen, und wir merken gar nicht, dass wir
inzwischen auf mathematische Fragen poetische Antworten erhalten.

Wer stark genug ist, Mitmenschen zu überwältigen, ist oft zu schwach,
um sich von Gefühlen und Kunstwerken überwältigen zu lassen.

Clubs werden gegründet, um Nichtzugelassene zu quälen.

Hilf dir selbst, dann wird dir Gott geholfen haben.

Wissenschaftsgeschichte besteht aus überholten Forschern,
Literaturgeschichte aus nicht mehr gelesenen Autoren
und Philosophiegeschichte aus noch unverstandenen Werken.

Was du allein wahrnimmst, ist dein Interesse –
an dem deiner Herren.

Durch meinen Schaden wirst du klug, durch deinen nur bange.

Diktaturen verweigern Freiheit, weil sie gefährlich wertvoll wäre.
Demokratien geben Freiheit, seit sie sinnlos und nutzlos wurde.

Schäl dich aus deiner Zwangsjacke,
und du kommst in die Klapsmühle.

Das Privatleben, das man gar nicht hat, schützt man besonders.

Wer nicht für den Bauch arbeiten muss,
arbeitet noch lange kein Buch durch.

In jedem Schlachtfeld soll es einen Elfenbeinturm geben,
aber im Elfenbeinturm nicht wieder ein Schlachtfeld.

Wer vor lautem Leben ins stille Lesen flieht,
will dort vom lauten Leben lesen.

Wir bestrafen die uns Liebenden für die uns nicht Liebenden.

Nur Leichen kommen in den Himmel.

Wer Recht hat, wirkt rechthaberisch.

Ich kenne dich gut :
Du bist doch der, der mich überhaupt nicht kennt!

Der Himmel auf Erden herrscht stets dort,
wo man lieber in der Hölle wäre.

"Die Zeit ist aus den Fugen"
zwischen den Stolpersteinen der Weisen gemacht.

Du preist Gott nicht, indem du seine Schöpfung
durch eine eigene verbesserst.

"Alle Menschen sind gleich"e Ausnahmen von derselben Regel.

Wer blaue Blumen nicht liebt, ist noch kein Realist.

Besiegt Todesfurcht Lebensangst? Ewiges Leben ist ewiges Ableben.

Wer gar nichts versteht, hat noch nicht Heideggers *Nichts* verstanden,
und wer es versteht, hat eben nichts verstanden.

Wir werden nur einmal geboren, doch Gott stirbt uns ewig entgegen.

Das Älteste Gericht verurteilt uns zum Ackern,
das Jüngste zur Freiheit davon.

Ein neuer Nietzsche ist heute weniger wahrscheinlich,
als ihn zu heilen.

Der Schwanengesang der Jungfrau klingt schöner
als die Jungfernrede der Hausfrau.

Ein Atomwissenschaftler kommt zu leicht vom Hundertstel
ins Hunderttausendstel.

Geistesblitze erreichen uns bei Unwettern leider selten
vor dem Kanonendonner.

Existentialisten schaffen sich schöne Jugenderinnerungen
durch tolle Zukunftspläne.

Publikationen ersparen den Auftritt vor Publikum.

Keiner steht im Schatten, den er wirft,
und wer im Schatten steht, der wirft keinen.

Gott ist, was die Evolutionsforscher den Zufall nennen, der sie in
Jahrmillionen durch überlebensfähige Erbmutationen erschaffen hat.

Welcher Freud wird aus der Kindheit des Künstlers seine Werke
voraussagen und dann aus den Wunschwerken das Kind erziehen,
das sie später erschaffen wird?

Aus wahrem Sein hinter schönem Schein
wurde das Verdrängte hinter den Rationalisierungen.

Club der Einzelgänger : Polyphone Symphonik?

Der Arme will reicher sein als die Armen,
der Reiche reicher als die Reichen.

Das Christentum sieht in jedem Reichen eine Verarmung
und in jedem Armen eine Bereicherung der Welt.

Der Streit um das *Ding an sich*
wird auf dem Rücken der Erscheinungen ausgetragen.

Die Weltgeschichte ist seit Esaus Zeiten das Weltlinsengericht.

Sollst du Bücher lesen, die dir eine Nase voraus sind
oder über den Kopf gehen?

Bestraft werden unglückliche Schinder, nicht glückliche.

Wissen ist Macht, sah Bacon, und pries den Aphorismus, der ohn-
mächtiges Selbstbewusstsein mit Allmachtsphantasien gekonnt vereint.

Wenn alle Menschen Brüder würden,
gäbe es auf Erden nur noch die Hälfte.

Wie ein Erkenntnisobjekt auf dich wirkt, verschwindet meist vor dem,
wie die ganze Arten-Evolution dich bewirkt hat.

Dein Schicksal geht geschickt mit deiner Ungeschicklichkeit um
und ungeschickt mit deinen Geschicklichkeiten.

Du hast nur *ein* Hirn, wie du nur *ein* Herz hast, und zwei Hände wie
zwei Hoden.

Antworten fragen nach Fragen, die auf Antworten antworten,
und Fragen antworten auf Antworten, die nach Fragen fragen.

Trete den Beweggrund deiner Taten und den Boden der Tatsachen
nicht mit Füßen.

Ein geistiger Mensch begeistert sich für Gott, der ganz Geist ist,
und will die Schöpfung eher verherrlichen als beherrschen.

Du schließt einen Frieden und eröffnest die Feindseligkeiten.

Bedürfnisse lassen sich befriedigen durch Berufsarbeit,
doch Wünsche nicht mal erfüllen durch Lust- und Raubmord.

Der Blickwinkel, aus dem du die Welt siehst, sollte dir vor dem
geistigen Auge stehen. Dummheit definiert sich als Glaube, die Welt
aus dem Blickwinkel von 360 (statt 36) Grad zu sehen.

Man kann mich aus meiner Welt entfernen,
doch nicht so leicht die Welt aus mir.

Erst habe ich niemals so richtig gelebt,
und dann kommt auch noch der Tod dazu.

Die Frau trägt kein Kind, der Mann keinen Kampf mehr um sie aus.

Diktatoren diktieren : "Es darf gelacht werden!" – Aber nicht darüber.

Ich bin ebenso enttäuscht, wenn ein Naturobjekt sich als Kunstprodukt
erweist wie ein Kunstwerk als Fälschung.

Um nicht beherrscht zu werden, würdest du lieber selber herrschen
als Herrschaft abgeschafft wissen.

Systematische Gesellschaftstheorien spiegeln soziale Zwangssysteme.

Was für das Wesen einer Sache so unwesentlich ist wie deren Existenz,
ist gerade die Hauptsache daran.

Philosophen mussten in der Antike auch Sklavenhalter
und wollen in der Neuzeit nur Staatsdiener sein.

Glücklich wird, wer glücklicher ist als andere.
Sind alle glücklich, ist es keiner.

Viele wollen lieber eine Hölle voller Engel
als einen Himmel aus lauter Teufeln.

Wärst du nicht besser, würdest du mich beneiden
um das, was ich besser bin.

Was hätte in der Ferne alles sehen können,
wer nicht ferngesehen hätte?

Wer die Liebe befreite, wollte sie abschaffen. Wer Sex eindämmen
will, muss ihn einhämmern, und was keine schmutzige Sünde ist,
verkommt zur Hygiene.

Beobachtung : Manche Leute lassen sich mit Hochachtung strafen.

Geld öffnet alle Türen – zu menschenleeren Räumen.

Frei von Armut, bist du vor Freiheit, Gleichheit, Brüderlichkeit
reichlich geschützt.

Marx 2000 : Das Sattsein bestimmt das Bewusstlossein.

Verelendungstheorie. Der vierte Stand hat den materiellen Wohlstand
des Kleinbürgers und der dritte Stand den geistigen Tiefstand des
Proleten erreicht.

Geld füllt leere Taschen und Bäuche, nicht Köpfe und Herzen.

Fortschritt lässt sich nicht einmal mehr durch Revolutionen aufhalten.

Das einzig Gute im Menschen ist sein schlechtes Gewissen – gewesen.

Freiheitskämpfer gehorchen keiner Wahrheit,
Wahrheitssucher dulden keine Willkür.

Solange du nicht unter die Erde kommst, lebst du unterm Himmel.

Sportskanonen wagen keinen Vergleich mit ihren Sportwagen.

Der gute Mensch macht nicht alles allein.
Er lässt auch andere ihren Beitrag leisten.

Greise reden viel, weil sie nichts mehr zu sagen haben.

Alte glauben sich zu erinnern,
woran sie sich gestern noch erinnern konnten.

Meine 70 Jahre kommen mir vor wie sieben,
die künftigen sieben aber wie 70 Jahre.

Memento mori. Lohnt es sich zu morden für ein so kurzes Leben?

Seit Technik die Naturbeherrschung übernahm,
ward Kultur ein arbeitsloses Hobby.

Man zweifelt am abstrakten Denken,
ohne das keine konkrete Skepsis denkbar ist.

Mancher wagt ein unbürgerliches Leben
höchstens mal im Schutz des Krieges.

Wer im bürgerlichen Konkurrenzkampf fällt,
kann noch Kriegsheld werden.

Der feste Zweck des Staates liegt in der Macht,
sich keine festen Zwecke vorschreiben zu lassen.

Statt Maschinenstürmer gibt es nur noch Bilderstürmer.

Leseratten träumen davon, nach dem Tod
von Bücherwürmern gefressen zu werden.

Damit die Erkenntnis keine Inzucht wird, sei Gottvater immer der
lächelnde Dritte im Bunde von Menschensohn und Mutter Erde.

Ein Gott, der Fromme nicht belohnt, wird mehr verehrt als einer,
der Frevler nicht bestraft.

Gebildete werden nur geschlagen,
aber nur Geschlagene werden gebildet.

Du kannst etwas umso weniger leiden,
je weniger du dafür leiden musst(est).

Mancher tut alles, was er nur kann, um nur nicht das zu tun,
was nur er tun könnte.

Ich verstehe dich : Was ich verstehe, nenne ich meinen Nächsten.

Macht sich schon frei, wer leben lässt, was er hasst?

Gott guckt durch den Ur-Sprung in deiner Tasse im Schrank.

Sicherheitskontrollen funktionieren nur kurz nach den Katastrophen.

Denkst du schon oder lebst du noch,
schreibst du schon oder vegetierst du noch?

Zwischen verschwommenen Ufern ist keine Brücke zu bauen.

Träume hindern Schlafmützen am Erwachen.

Ein Schriftsteller ist ein Mensch,
der einen Computer nur als Schreibmaschine nutzt.

Wollten viele nicht satter sein als andere, wäre genug da für alle,
aber nur genug satte Armut.

Mit dem Rücken zur Wand sitzt man gern und steht man schlecht.

Aufklärung : Todesstrafe nur durch Arbeitslager.

Wer sich ein richtiges Bild von der Welt macht,
sieht auch nur ein Weltbild. *Stell die Welt vor dein Weltbild!*

Springen Funken auf uns über?

Wer das Ziel kennte, würde wohl den Weg scheuen,
und wer den Weg wüsste, das Ziel aufgeben.

Wer an anderen leidet, leidet noch nicht für sie.

Unvergänglicher würde, was in einer mathematischen Gleichung
statt kollektiven Gleichheit aufginge.

Jeder Friede führt auch einen interessanten Krieg
gegen befriedigende Interessen.

Kämpfe mit mir – also gegen mich.

Der Zwerg sieht weiter auf den Schultern des Riesen,
der Riese geht weiter auf den Schultern der Zwerge.

Kann der Empörte nicht zu ihnen hoch,
reißt er Emporkömmlinge in die Tiefe.

Jeder fürchtet den Tod mehr als den Fortschritt,
der doch Vernichtungsmittel schneller als Lebensmittel produziert.

Ist der Mensch frei, übernimmt er sich,
wenn er Verantwortung übernimmt.

Eine Befestigungsmauer, auf die Künstler Bilder und Verse malen,
fällt bald um.

Du frisst den auf, dem du zu essen gibst.

Ein guter Künstler muss sich eine Welt wünschen,
in der seine Kunst sinnlos würde.

Industrie wurde das Schicksal des Schicksals und das Kapital
der Weltrevolutionär, der uns zu faulen Reaktionären macht.

Der Stumpfsinn findet mich stets zu spitzfindig.

Wer nicht Dichter oder Denker wird, wird Geld für seine Brut.

Was kann eine Wiederholung besser verhindern als die Barbarei,
nach Auschwitz endlich (bessere) Gedichte zu schreiben?

Philosoph : der erste Kultivierte im Dschungel
und der letzte Wilde in Zivilisationen.

Bleibt Kunst unbeachtet, wenn sie zu schlecht ist
oder nicht schlecht genug?

Kunst erschafft, was sich durch Begriffe nicht vernichten lässt,
Philosophen erkennen, was sich durch Künstler nicht erzeugen lässt.

Dreckschweine bringen Glück, und deine Differenz zur Gesellschaft
ist ja gesellschaftlich anerkannt. Es gibt massenhafte Chancen,
der Masse zu entgehen, und sogar höchst individuelle Risiken,
jede Individualität zu verfehlen.

Einsamkeit kann richtiges Selbstbewusstsein,
Gemeinsamkeit muss falsches Standesbewusstsein haben.

Ein Arzt, der nicht mehr verdiente als sein Patient,
könnte ihm erklären, dass er aus Berufung diesen Beruf wählte.

Ein Poet schreibt Werke engagiert, aber keine engagierten Werke.

China vereinsamt jeden, den es kollektiviert,
Europa vergesellschaftet alle, die es atomisiert.

Jeder Begriff ist vieldeutig, sofern er jedes seiner Einzelobjekte
bedeuten kann, die unter ihn fallen, und nicht nur jene,
die auf Grenzlinien zu Nachbarbegriffen liegen.

Wenn du stirbst, verlässt du diese Welt;
sterben Logiker und Lyriker, kehren sie in die Welt zurück.

Ein widerspruchsfreies Leben ist unfrei und ein Widerspruch,
der keinen einlegt.

Seit der Weltfinanzkrise ist die Welt noch reich genug,
bei CERN ihre eigene Entstehung erforschen zu können.

Zur Welt kommen heißt jetzt, alle Abtreibungsversuche zu überleben.

Leben war mal Übergang von Mutter Natur zu Mutter Kirche und ist
nun ein Wechsel von Abrahams Schoß zum Schoß der Gesellschaft.

Moderne : Technische Produktion künstlicher Mütter.

Eine Theorie, unter die alles fällt, lässt sich kaum aufstellen,
ohne dass sie gleich mitfällt.

Wer dich vergöttert, verteufelt sich; wer mich verteufelt, vergöttert sich.

Naturtalente schaffen die Kultur, Kulturämter die Naturtalente.

Jeder genießt das unverbrüchliche Menschenrecht,
sich vor beliebig vielen Leuten durch nichts auszuzeichnen.

Habermas suchte nur den Konsens darüber, wieweit jeder
sich davon entfernen darf, und erntete den Dissens darüber,
ob dieser behoben werden kann und soll.

Wer zu leicht eine Arznei nimmt, nimmt seine Krankheit zu leicht.

Wenn man schon nicht mit der Realität spielen kann,
so doch wenigstens mit dem Wissen und Unwissen darüber.

Das Paradox des Lebens liegt darin, dass Höheres allem zu Grunde
liege und das Niederste uns über sei.

Kultur war der Weg von Hysterie, Zwangsneurose und homoerotischer
Paranoia zu Kunst, Religion und philosophischem System –
und zurück.

Wer sich selbst ein Bild von Ihm macht,
macht sich leicht seinen Gott selbst.

Sei nicht selbstbewusster,
als du dich vom Allwissenden selber gewusst weißt.

Wurdest du befreit zu freier Wahl,
um dir die Schuld an allem aufzuladen?

Bevor Herz werden kann, was Hirn war,
muss Hirn werden, was Hoden war.

Arbeit in Kraftwerken heißt,
Arbeit an Kunstwerken geistig zu behindern.

Sie reden und reisen, kaufen und saufen, machen Krach und Spaß,
sie schuften und surfen und joggen mit Yoga, aber was kommt dabei
heraus als quirliger Stumpfsinn?

Heute sind alle gleich : Jeder ist nichts und hat mehr oder weniger
als der andere.

Die unverwechselbare Individualität der Tiere füreinander ist nicht
weiter ausgeprägt als die solidarische Gleichheit der Menschen.

Up or out! Du stößt dich nur von dem ab, was dich abgestoßen hat.

Ausradieren muss man weniger Menschen als die Erinnerung an sie.

Fixsterne und fixe Ideen bewegen uns mehr
als Automobile und Immobilien.

Hast du der Welt mehr hinzugefügt als die Klage, was sie dir zugefügt
hat, und den Triumph, was du ihr zugefügt hast?

Sollst du dir auch kein Bildnis machen
von deiner Gottesebenbildlichkeit?

Solistenkonzert : Konkordienformeln gegen Entropie

Fa. Blödel & Trödel. Die Gesellschaft, in der man die Wahrheit nicht nur
am Galgen sagen kann, muss noch nicht das einzig Wahre sein.

Geschichte ließe sich besser schreiben als Abfolge dessen,
was besser ungeschehen und ungetan geblieben wäre.

Auch ein Schloss hat eins, und wer ein Schlüssel zu sein glaubt,
macht die Welt zu seinem Schloss.

Wo Querdenker draufsteht, muss noch kein Gedanke drin sein.

Eines der letzten Tabus dieser wie jeder Zeit bildet die physische,
seelische und geistige Verelendung ihrer Arbeitssklaven, kulminierend
in ihrer Verdrängung und Verleugnung. Bürger lesen auch nur Mord-
krimis, Bürgerinnen Liebesromane – aus Verblödung oder bis zur
Verblödung. Und philosophische Gedanken sind ersetzt durch um-
weltanschauliches Geplauder.

Wer weiß uns wieder zusammenzusetzen
aus den Atomen, in die er uns zerlegt hat?

Wer gesicherte Erkenntnis sucht,
sucht meist mehr Sicherheit als Erkenntnis.

Wir himmeln ihn an, ohne es wissen zu wollen,
doch Satan verteufelt uns nicht.

Willst du mal so richtig abschalten, dann bitte nicht nur den Fernseher.

Unterrichtet nicht das Volk, auf dass ihr nicht zu Grunde gerichtet werdet.

Ich mach nur Spaß. Man versteht ja Spaß, aber so, dass er mir vergeht.

Menschliche Freiheit ist so zwingend notwendig
wie strikte Kausalität der Natur eine freie Willkür Gottes.

Wer von Linken als Rechter und von Konservativen als Umstürzler behandelt wird, fühlt sich schon als freier Mann.

Vor Strafe bewahren will das Mitleid des Laien den Unschuldigen und der Ehrgeiz des Experten den Schuldigen.

Selbstlos liebst du allein den, der nur sich selbst liebt.

Ist jede Wahrheit die Schmerzproben wert, in denen sie sich bewährt?

Eine Wahrheit verdeckt besser als jeder Irrtum die tieferen Wahrheiten hinter ihr.

Man steht voll verwunderter Ehrfurcht vor eigenen Werken, die man eingegeben findet.

Kant : „Es ist überall nichts in der Welt" der Kunst „zu denken möglich, was ohne Einschränkung für mittelmäßig könnte gehalten werden, als allein der gute Wille" des Künstlers.

Die Welt lässt sich mit wahren Gedanken betrachten und mit falschen Ideen verändern.

„Der Sinn des Lebens" sucht oft nur abwechslungsreichsten Zeitvertreib.

Aphoristiker sind keine erfolgreichen Chaoten, denn die Chaostheorie lehrt die größten Auswirkungen der kleinsten Ursachen.

Die Politik musste einen La Rochefoucauld oder Chamfort besiegen, um von seiner Kunst besiegt zu werden.

In einer Welt von Lügnern, die sich ehrbar geben, wirkt der Aufrichtige als einziger Betrüger und Poseur.

Dein Spiegelbild vertauscht links und rechts, nicht oben und unten oder vorn und hinten

Du bist Subjekt nur für dich, Objekt aber für alle (Subjekte).

Es ist subjektive Ansichtssache, ob Objektivität möglich sei, aber es steht objektiv fest, dass es so etwas wie meine und deine Subjektivität gibt.

Objekte siehst du nur subjektiv, andere Subjekte höchstens von außen.

Kant untersuchte die Welt objektiv aus der Perspektive aller möglichen Subjekte, nicht sich selbst aus seinem oder dich aus deinem Blickwinkel.

Du fühlst dich frei, wo dein Hirn längst für dich entschieden hat, sagen Hirnforscher. Oder haben deren Hirne schon vorentschieden, sich ununterscheidbar von freien Entscheidungen zu fühlen?

Die Natur(wissenschaft) bestimmt mich dazu, meine Selbstbestimmung als Fremdbestimmung zu erkennen, die Kultur bestimmt mich dazu, meine Fernsteuerung als Selbststeuerung anzuerkennen.

Wer steuert meine freie Wahl stärker, mein eigenes Hirn oder das meines Herrn?

Sind Hirnforscher freier als ihre eigenen Hirne, von denen sie dazu bestimmt werden, ihre freie Selbstbestimmung als objektive Hirnbestimmtheit zu bestimmen und ihr vorentscheidendes Hirn als ihre freie Wahl?

Mein Wille wird von Naturgesetzen dazu bestimmt, vorbestimmt zu sein, und von Kultursatzungen dazu bestimmt, selbstbestimmt zu leben.

Furcht hilft gegen Wut, doch Kleinmütige sind nicht sanftmütiger, und Zorn hilft gegen Angst, doch jeder zürnt den Jähzornigen.

Wer mich zu Recht gering schätzt, erbittert mich mehr, als wer kein Recht dazu hätte.

Der Staat fördert unsere (Über-)Forderungen an ihn, und seine Feinde fordern, von ihm gefördert zu werden.

Das Vergnügen, Böses zu tun, zahlt mit Verzicht auf das Vergnügen, Bösewichter zu verachten.

Bürger: sesshafter Mensch, der den überlebt, der wirklich gelebt hat.

Will man Macht und Geld nur ersetzen durch Talent und Genie, also die Diktatur der Kultur durch die Diktatur der Natur? Frei von Naturtalenten wie von Kulturprivilegien ist niemand freier als der arme Narr.

Es ist Natur, Kultur zu erschaffen, und eine Kulturleistung, (Un-)Natur zu definieren oder abzuschaffen.

Ist meine farbige Subjektivität nur ein Teil der objektiven Fakten oder die objektive Welt bloß ein blasser Ausschnitt unserer Subjektivität?

Kant wird Herr über alle Erscheinungen, weil er Sklave der Dinge an sich bleibt, aber wäre er Sklave der Erscheinungen, wenn er Herr über das Ding an sich würde?

Bestimmte Kant nur subjektiv, dass seine Subjektivität die objektive Welt bestimmt, und weiß er objektiv, dass er die Dinge nicht objektiv sieht? Es könnte mir ja nur so erscheinen, dass an sich nichts so ist, wie es mir erscheint.

Natura parendo vincitur. Francis Bacon hat bekanntlich der neuzeitlichen technischen Naturbeherrschung ideologisch vorgearbeitet, aber nicht durch mathematisch beschriebene Naturexperimente, sondern durch aphoristisch formulierte Gedankenexperimente.

Aphorismen verbinden wahres Wissen mit guter Leistung in schöner Form

Menschenwürde würde auch der Unmensch beanspruchen dürfen.

Nur über deine Leiche kommst du in Himmel oder Hölle.

Wer weiter geht als sein Kopf, fällt hinter sich zurück.

Man darf sich nicht mehr Feinde machen, als man sich Gedanken machen kann – und umgekehrt.

Mancher liebt und lacht und weint sogar, weil das gesund sein soll.

Als Genie gilt, wer einer Gesellschaft unterlegen ist,
der er von Natur aus überlegen ist.

Bist du Herr der Geschichte, die du erzählst oder die du schreibst?

Was man auch kostenlos täte, wird besser bezahlt (und getan),
als was man nur für Geld tut.

Eine freie Wahl befreit wenigstens von unzähligen Alternativen.

Der Idealismus hat alles materialistische Getue überlebt : Geistige Arbeit
wird materiell weiterhin besser vergütet als körperliche.

Wo der Leser endet, beginnt der Autor,
und wo der Autor aufhört, fängt der Leser an.

Einsamkeit ist etwas, das der Reiche nie und der Geistreiche nur erträgt.

Fruchtsaft. Die Zeit fließt solange, wie das Leben sich auspressen lässt.

Bei der Geburt schreit man aus Leibeskräften.
Beim Tode ist auch nicht viel mehr los.

Konstruktive Kritik äußert sich gern in vernichtenden Lobreden.

Das einzige Sittengesetz lautet nicht, dass es gar keines gibt, doch
die goldene Regel der Geschichte lautet, dass es davon zu viele gibt.

„Alles ist subjektiv" ist vielleicht selber subjektiv, also ist es nicht subjektiv,
dass es Subjektives und Objektives gibt wie Subjekte und Objekte.

Wo es keinen Grund dafür gibt, dass etwas geschieht,
bin auch ich nicht dieser freie Grund.

Außer Hochwohlgeborenen möchte jeder das Verdienst über die Geburt
siegen lassen und vergisst leicht, dass ein Naturtalent selbst ein Privileg
der Geburt ist.

Noch nicht spruchreif – doch schon widerspruchreif

Die sozialen „Apparate" beherrschen uns : Sie geben mir beliebte
technische Apparate, um mich beliebige Dinge beherrschen zu lassen.

Sehnsucht und Schauder, die uns ergreifen,
vertreiben uns aus jeder Partei, die wir ergreifen.

Es gibt vielerlei Lehren, die das Vielerlei auf Einerlei zurückführen.

Dein größter Blickwinkel erfasst kaum den letzten Winkel der Welt,
in dem du sitzt.

Je objektiver du die Welt siehst, desto subjektiver kannst du sie formen,
und je subjektiver du sie verzerrst, desto objektiver beherrscht sie dich.

In guter Gesellschaft findet sich jeder zurecht oder zu Recht.

Wer kann die Bausteine des Fundaments aus dem Obergeschoß
seines Gedankengebäudes nehmen oder umgekehrt?

Kein Paradox ist wahr, doch warum wirkt Wahrheit fast immer paradox?

Das Wahre ist nicht das Ganze, aber auch nicht alles Einzelne,
sondern ihr ewiger Ehestreit ohne Scheidung.

Wer eine vorherrschende Sprache beherrscht, hat noch lange nichts
zu sagen und kann noch lange nicht mitreden.

Was formlos wirkt, kann strenge Form von gestern oder *drüben* sein.

Dichter und Denker müssen dem Zeitgeist weit genug voraus sein,
um ihn antreiben zu können, doch nicht soweit,
um von ihm vertrieben zu werden.

Fast jedes echte Geschmacksempfinden war ja ursprünglich
ein autoritätsgläubiges Nachbeten von Expertenparolen.

Ein guter Kritiker wird nur, wer guten Kritikern lange genug kritiklos nachplappert.

Die Religion des Ewigen wird zerstört durch ihre lebendige Geschichte.

Naturwissenschaft und Technik erheben den ehrwürdigen Anspruch auf die einzige Tradition, die alle anderen Traditionen aufhebt.

Wir müssen Kulturtechniken beherrschen lernen,
um uns von kultivierten Menschen beherrschen lassen zu können.

Früher hatte man Geist, heute die Hirnforschung. Sie entdeckt so viel Dummdreistes in klugen Köpfen wie Neunmalkluges in Dummköpfen.

Wird das Individuum von der Allgemeinheit abgeschliffen oder der Zeitgeisttyp mit individuellen Accessoires ausstaffiert oder beides?

Wer stößt, fühlt sich gezogen; wer sich schieben läßt, glaubt zu ziehen

Eine Macht ohne Recht ist besonders mächtig,
ein Recht ohne Macht nicht besonders gerecht.

Wer steckt nicht mehr in Kultur als Kultur in ihm (und in ihn) steckt?

Verbindlicher für uns ist nun, was uns nicht verbindet.

Im Wahn lebt, wer seine Gedanken mit allen oder keinem teilt.

Mancher verändert die Welt nur, damit Rätsel lösbar werden.

Rezensionen liest, wer mit einem Buch fertig sein will,
bevor ein eigenes Urteil sich blamieren kann.

Je mehr du dich bewegst, desto weniger bewegt dich.

Das körperliche Schuften ist die einzige Hochleistungsart,
die keine Anti-Doping-Gesetze kennt.

Am hinreißendsten vom Fortschritt reden Massenmörder.

Reiche oder mächtige Erben, die nicht wenigstens wie Nicolas Gómez Dávila werden, sind ihre eigenen Privilegien nicht wert.

Wer dasitzt und seinen Kopf in die Hand stützt, denkt gewöhnlich darüber nach, ob er seinen Kopf kühlt oder seine Hand wärmt.

Freiheit ist das Schicksal, welches das Schicksal sich selbst bereitet.

Maschinen haben die Arbeitswelt nicht abgeschafft,
sondern in Industrielle und Fleißige zerlegt.

A priori. Kant ließ sich von seinen Eindrücken von vornherein
nie tiefer beeindrucken als ein Physiker von seinen Messdaten.

Die Elite will immer unser Leben bereichern, nicht uns.

Mancher verdankt einer Dame für seinen Handkuss mehr als einer Dirne für ihren Zungenkuss, wie man Geizkragen für ein Brötchen mehr dankt als Verschwendern für ein Diner.

Gegensätze sind sich ähnlicher als Verschiedenheiten
und eignen sich deshalb besser als Ursache und Wirkung.

Doing by teaching. Vielleicht erscheint es Kant ja auch nur so, als ob die Dinge ihm nur so erscheinen, wie sie *an sich* nicht sind.

Sie bestrafen einander für ihre Untreue. *Er* rächt sich für seine Naivität, *sie* für ihren Minderreiz.

Geht die Gesellschaft aus dem Leim,
auf den sie dem selbstverwirklichten Ellenbogen geht, oder gehst du der Gesellschaft auf den Leim, aus dem sie - auch in dir - geht?

Dem Historiker ist das für uns Nachwirkende wie längst vergangen und das für uns Abgetane noch lebendig.

Dummgewordenes Streusalz

Schiller 2000. Der nützliche Arbeitssklave aller Länder ist nur dort ganz Mensch, wo er mit nutzlosen Geistesglasperlen spielt.

Philosoph ist ein Mensch, der alles, was uns handgreiflich überwältigt, begrifflich bewältigt, ohne dass er aufhört, sich vergewaltigt zu fühlen.

Wir befreien uns durch unsere Ketten
und fesseln uns an Befreiungsinstrumente.

Man kann wählen zwischen zwei Revolutionen, gegen die Diktatur des Überlegenen oder der Mittelmäßigen.

Hilfsbedürftige helfen mehr.

Eine altbekannte Bosheit, die sich nobilitieren will,
ruft sich gern als neue Moral aus

Wird die Angst vor dem anderen Geschlecht zu groß,
will man mit ihm schlafen.

Liebäugelt Sex mit der Müllabfuhr,
um Sehnsucht nach *passion d´ amour* zu erregen?

Seit das Selbstbewusstsein vom dunklen Unbewussten weiß,
will es vom klaren Bewusstsein nichts mehr wissen.

Kunst tut so, als würde der Autor seinen Leib verkaufen
und die Hure ihren Geist.

Marx weiß nicht, wie kostbar die Dinge sind
ohne ihren Tausch- und Gebrauchswert.

Alles über Theorie und Praxis : Werke verhüten Taten,
und Taten verhüten Werke.

Wer wenig tut, wird gewöhnlich mehr gerügt, als wer gar nichts tut.

Lyrik übersetzt das "Ach!" des Steinzeitmenschen in heutige Sprache.

Poesie bremst Kommunikationen und braucht Spinnerei,
ohne die man zum brauchbaren Spinner wird.

Brechts "Dreigroschenoper" ist heute veraltet,
weil sie schon 1928 veraltet war.

Ihre praktische Bedeutung liegt darin, daß eine gute Theorie existiert.

Auch Stammeln kann lügen und ein guter Redner redlich sein.

Mancher ist zu arrogant, sich über andere zu erheben.

Die Phantasie träumt nie im Schlaf.

Die Gesellschaft macht mit der Allgemeinheit, was die Natur mit der
Gattung treibt – das Individuum zu verbrauchen.

Psychologie entstand, als die Seele sterblich wurde, Philosophie
blühte auf, als das Wissen die Weisheit verdrängte, und Kunst kam
von Können, als man nichts mehr von der Welt verstand.

Ihren Wert fürs Leben haben Naturwissenschaften im Kaufpreis technischer Produkte, ihren *Sitz im Leben* die Geisteswissenschaften in den
Karrierekosten ihrer Doktoranden.

Deine Identität ist die Summe aller Klüngel, denen du nicht angehörst.

Kunst ist brauchbar, wo sie die Nutzlosigkeit nützlicher Dinge ausnutzt.

Plato 2000. Die Idee der Schönheit muss nicht schön sein, aber es ist gut,
eine Idee vom Bösen zu haben, und die Idee der Scheiße stinkt nicht.

Wer sich widerspricht, wird als Dialektiker,
wer sich nicht widerspricht, als Positivist gerügt.

Schönheit wird selten den Geist entwickeln,
der über ihren späteren Verlust hinwegtrösten kann.

Wer keine Heimat findet, kann noch Wahrheit suchen,
und wer sein Heim nicht verlässt, noch umherirren.

Durch deine Bemühungen, nicht aufzufallen, fällst du besonders auf.

Wie viele passen sich an, um dahinter ungestört anders zu sein, o. u.?

Es ist typisch Intellektueller (oder Deutscher), keiner sein zu wollen.

Wer sich länger frei fühlen will, muss nur unentschlossen bleiben.

Meine Beschränktheit beschränkt sich leider nicht auf den Sinn für
unendliche Zahlen und grenzenlose Weiten des Alls.

Idealist ist, wer das Materielle hat, das der Materialist erträumt. Idealist
heißt, wer mehr Ideale als Ideen hat, und Terrorist, wer sie realisiert.

Der nächste Klimahandel und -wandel bringt den neuen Eiszeitgeist.

Das Geheimnisvolle der Welt liegt gewiss in der Ungewissheit,
ob es überhaupt ein Geheimnis gibt.

Wer einem Kant die asketische Moral vorwirft, überwältigende Affekte
abzuwehren, um Herr über sich zu bleiben, ist meist noch stolzer
auf den mutigen Extremsport, sich diesen Affekten auszusetzen.

Künstler handeln, indem sie Gedanken und Gefühle nicht in Untaten
verwirklichen, die zu Werken anregen, sondern in Werken
verkörpern, die zu Tatenlosigkeit animieren.

Warum gab es zwischen Platon und Sartre, zweieinhalb Jahrtausende
lang, keinen namhaften Dichter und Denker in *einer* Person?

Das Volk hört Popmusik und gehorcht *His Master´s voice.*

Aphorismen überkompensieren keine Minderwertigkeitskomplexe vor philosophischen Systemen und dickleibigen Romanen.

Mancher hilft mir, weil er mich nicht lieben kann, oder hasst mich, weil er mir nichts Böses tun kann.

Seit dem Ende des Christentums ist es schwerer und seit dem Ende des Sozialismus leichter geworden, arm und schwach zu sein.

Wer ein anderer sein will, ändert sich nie, und wer sich nicht ändert, bleibt anders als jeder andere.

Der Aphorismus wird ein Sprichwort, wenn niemand sich mehr vorstellen kann, dass die Binsenwahrheit mal ein Paradox war.

Wer die Wahrheit weiß, will keine Demokratie.

Wann sind Maler Augenärzte, Musiker Ohrenärzte
und Autoren Nervenärzte?

Ein Schriftsteller arbeitet bloße Andeutungen aus,
indem er ganze Wälzer zusammenstreicht.

Was vergibt er sich, wenn er sich jedes Schuldbewusstseins schämt?

Wer sich nie als Sklave seiner Passionen empfindet,
sieht sich auch nie als Arbeitssklave seiner Ausbeuter.

Sehenswürdigkeiten bleiben gewöhnlich unsichtbar.

Vernichtung durch größte Katastrophen wird verzögert durch Versenkung in kleinste Dinge, doch kein Atomkrieg durchs Studium der Atomphysik.

Mens(ch). Wer nur im Lotterbett nicht versagt, ist oft impotent
auf dem Sterbebett.

Durcheinandergeworfen, zusammengewürfelt oder auseinandergesetzt? *Langlebige Kurzweil und kunterbunte Mischehen*

Macht duldet Differenz des Gegners, nie Indifferenz des Geistes.

Wer dumm mitleben und zugleich klug draußen bleiben will,
lebt am Ende schlau mit, wo er sich naiv draußen fühlt.

Hoc est corpus – Hokuspokus. Am liebsten lese ich Bücher über Analphabeten, noch lieber aber keine Bücher von Analphabeten.

Der modernste Staat übernimmt auch die Aufgabe,
seine Bürger vor ihm zu schützen.

Zuweilen verhält sich die Liebe zur Gerechtigkeit
wie die Freiheit zur Gleichheit.

Das selbstbestimmte Leben lässt sich gern von Steuergeldern leiten.

Obrigkeitsdenken hat sich modernisiert zum Sozialstaatspatriotismus.

Was nie passieren kann, geschieht wissenschaftlich im Unendlichen.

Der Hirnforscher nimmt mir die Schuld ab und die Freiheit,
schuldig zu werden. Der Seelenhirte nimmt mir die Sünde ab,
aber nicht die Freiheit zu sündigen.

Meist verbirgt sie ihm kokett ihren Leib und er ihr seinen Geist.

Es gibt Menschen, denen etwas unter die Haut geht
wie unter den Teppich gekehrt.

Wenn der liebe Gott nicht existierte,
würden wir häufiger von ihm träumen.

Gegen den Strom schwimmen kann auch heißen, ihn zu überholen.

Wer getröstet hat, der ist getröstet.

Kunst kommt von gekonnter Impotenz, Musik von zugedröhnter Taubheit, Literatur von beredtem Schweigen, Malerei von blinder Sehenswürdigkeit und Philosophie von schlauer Unwissenheit.

Gottvater ist tot, es lebe die Emanzipation der Höheren Töchter!

Ich setze mich nicht ein. Ich werde eingesetzt. Dafür setze ich mich ein. Ich mache nichts aus mir. Aus mir wird etwas gemacht.
Erst daraus mache ich mir etwas.

Deutsche zerreden ein Problem von allen Seiten,
um die Pointe verfehlen zu können.

Wer sich dummliest, verkennt die Weisheit der Analphabeten,
doch wer sich analphabetisiert, hat die Schriftreligionen verloren.

Es gibt kein herrenloses Gut mehr, erst recht nicht unter Menschen.

Geheimnisse der Macht, die man aufzudecken glaubt, sind gezielte Botschaften an Tölpel: Was wir herausfinden, das sollten wir finden, um anderes nicht zu suchen.

Etwas abnehmen oder wahrnehmen heißt, es manchem wegnehmen.

Wer Objekte nicht subjektiv erfährt,
hat sie noch lange nicht objektiv erkannt.

Wen du enttäuschst, der enttäuscht dich oft dadurch,
dass er sich von dir getäuscht fühlt.

Die Welt ist mehr als die Umwelt deiner Umwelt, die es verd(r)eckt.

Die Jugend heuchelt Tugend, die ihr so schwer fällt
wie dem Alter das Laster.

Der Unterschied zwischen dir und einem Gefängnishäftling liegt darin,
dass er sich befreien will.

Manche Frau schämt sich nicht, durch Erröten zu reizen.

Gott in der Natur? Wer sie beherrscht, beherrscht nicht Ihn.

Wer über den Wolken thronen will, muss erst unter die Erde.

Mal betrachte ich verschiedene Dinge in derselben Stimmung, dann
dasselbe Ding in verschiedenen Stimmungen: Was dringt tiefer?

Ein Lehrer, der seine Schüler in keinen Wettkampf der Begabungen
treibt, fesselt sie an die Stufe bloßer Erwerbsfähigkeit.

Gott wäre nicht groß, kümmerte er sich nur um große Dinge.

Täter, die verzweifeln, wo sie unentdeckt bleiben, sind Schreibtischtäter

Wer Überschuss an Theorien erwirtschaftet, kann damit handeln.

Wir greifen an, was wir nur zu gut oder gar nicht begreifen.
In jedem Fall vergreifen wir uns, weil wir nicht begreifen wollen.

Wer sich mehr für die guten Absichten eines Autors interessiert,
sollte eher dessen Biographie lesen.

Vor der Emanzipation galt ein Ehemann
als Fachmann für Sexbombenentschärfung.

Entweder hat man Ideale, Idole, Ideologien, Idiome, Idyllen oder Ideen.

Ein Autor schuftet sich am Schreibtisch fast zu Tode,
damit einige Romanfiguren etwas lebendiger wirken.

Proletarier in Demokratien sind Sklaven mit allen bürgerlichen Rechten.

In der Demokratie kann ich heute alles sagen, weil ich nichts zu sagen
habe, und Autoren, die nichts zu sagen haben, schreiben am liebsten
nach Diktat des Diktators.

Abgehobenes Geistesalphabet

Achtzig Jahre braucht der Mensch unserer Breiten heute,
um trotz aller Bemühungen nichts Nennenswertes zustande zu bringen.
Früher reichten dafür auch dreißig Jahre.

Sich vor Fronarbeit komfortabel zu drücken,
trainiert am besten das Denkvermögen.

Als die Griechen Sklaven hatten, philosophierten sie.
Obwohl die Deutschen Maschinen haben, philosophieren sie nicht.

Wählerische Leute genießen ihre Wahlfreiheit wie Atheisten
die Religionsfreiheit, Taubstumme die Redefreiheit
und Erwerbslose die Gewerbefreiheit.

Wer früher enge Grundsätze hatte, hat heute weiten Grundbesitz.

Wirft man den Narren aus der Anstalt, wird er nicht freier. Revolutionäre
sind Freiheitsnarren, und Narrenfreiheit genießen nur Herrscher.

Mancher will den Bildungsnotstand beheben, indem er die Dummheit
langsam ausdünnt und auf immer mehr Dumme verteilt.

Das Patriarchat hat eine sichere Basis : *pater semper incertus.*

Ein Menschenfreund ist ein Mensch, der sogar um eigene Ellbogen
einen ellenweiten Bogen machen kann.

Gibt der Hirntod den Maßstab, leben auf der Welt gar nicht zu viele
Menschen.

Schreiben fällt mir schwer, aber ich wurde trotzdem kein Schriftsteller.

Dicke Scheckbücher leben auch von Büchern,
die gegen sie geschrieben werden.

Nicht wenige Geisteswerke sind kritisch, präzise recherchiert, aufrichtig und authentisch, tolerant und pluralistisch, besonnen und humanistisch und doch nicht die Wahrheit.

Zu viele Linke sind Kämpfer, die sich an gerechter Verteilung der Armut bereichern.

Für seltene Krankheiten werden kaum Heilmittel entwickelt. Unikate und Raritäten kommen auch der Bildungsindustrie zu teuer.

Willst du häuslichen Frieden, rüste zum Geschlechterkrieg!

Von den Herren der Welt befreit nur ein Herrgott. Seit er totgesagt ist, reden uns viel grausamere Herrschaften ein, uns nur von Ihm befreit zu haben.

Im Namen des Volkes ergeht das Urteil, dass Name nur Schall und Rauch ist.

Eine Welt ewigen Friedens wäre heute eine Welt ewiger Sklavenarbeit, und eine Welt ohne Arbeit eine Welt im Dauerkrieg.

Ich werde mich gegen gesellschaftliche Mißstände nicht engagieren. Mehr kann ich gegen gesellschaftliche Mißstände wirklich nicht tun.

Vor der Atombombe schützten bisher nur Atombomben, doch vor Dummheit keine Dummheiten, und Dummheit muss ja noch nicht vorliegen, wenn andere sich für klüger halten.

Wir können gar nicht so schnell lernen, wie die Schule des Lebens immer neue Verlernpläne ausheckt.

Lieber ein Volk der dichtenden Richter als der henkenden Denker!

Utopisch mutet eine Gesellschaft an, in der man keinen Mut braucht, um nicht zum Feigling oder Geisteshelden zu werden.

Ein Buch wird heiliggesprochen, nicht um es unverständlich und unpraktikabel zu machen, sondern damit es nie mehr überarbeitet wird.

Allgemeine Popkultur züchtet überall ein gemeines Volk.

Jede *übergreifende Einheit* neigt zum Übergriff auf Einzelne.

Der Herr der himmlischen Heerscharen wäre mir lieber als ein Alexander, Caesar oder Moltke, in denen er nicht wirken würde.

Um sich frei zu machen, macht der Höfling sich zum Narren.

Viele kommen eher auf einen grünen Zweig
als auf einen eigenen Gedanken.

Die modernsten Computer laufen immer langsamer: Sie fangen schon an zu denken. Wenn sie es können, werden sie stehen bleiben.

In unseren kleinen grauen Zellen haben die bösen Gedanken lebenslänglich. Nur graue Theorien kommen raus in den grauen Alltag.

Wir können uns entscheiden, ob wir uns entscheiden wollen,
aber das entscheidet nicht, ob wir müssen oder auch nur sollen.

Die Welt verschlägt dem Aphoristiker die Sprache der dicken Wälzer.

Affen können zeigen und schreien, arbeiten und kommunizieren, Menschen könnten lesen und schreiben, musizieren und malen.

Seit Darwin haben sich unsere zwischengorillanischen Beziehungen kaum verbessert.

Weltbild : 100 Mrd. Galaxien zu je 100 Mrd. Sternen
in deinen 100 Mrd. Hirnzellen.

Es ist schon eine Form von Dummheit,
seinen IQ messen und erhöhen zu wollen.

Ergebnisse der Hirnforschung sind Anpassungen des Hirns an eine inzwischen unzurechnungsfähige Gesellschaft. Ihr Hirn zwingt die Forscher zu denken, dass sie nicht frei sind, das Hirn nicht zu erforschen, um zu überleben. Was das Hirn über sich selber denkt, passt sich einer Umwelt an, die überhaupt nicht nachdenkt.

Als gleich gelten uns immer nur die Menschen,
die uns gleichgültig bleiben.

Wissen schützt vor Strafe nicht besser als Unwissenheit.

Künstler und Gelehrte gehören zu den wenigen Leuten,
deren Leben kein einziger Selbstmord ist.

Auch über Illusionen kann man sich welche machen.

Dass Gott von Menschen abstammt, stammt von Darwinisten ab;
dass der Mensch von Gottvater abstammt, stammt nicht von Affen.

Gesellschaft heißt : Wenn ich dich besiege, der einen dritten besiegt hat, kann ich noch von ihm besiegt werden.

Viele schwimmen mit dem Strom, gegen den Strom zu schwimmen.

Greif nur Mächtige an, die sich durch gute Kritiker geschmeichelt fühlen

Texte, die ernst zu nehmen sind, parodieren nicht ihre Parodien.

Wer von Gott neunmal neun Leben haben will, findet seinen Abel.

Wer mehr sagen will, darf nicht zu viel zu sagen haben.

Inkas und Indianer wurden ermordet, weil sie in Unfreiheit nicht arbeiteten, und manche Tierarten pflanzen sich in Unfreiheit nicht fort. Von ihnen stammt der moderne Mensch nicht ab.

Ein Stümper wird nicht eher begabt als ein Talent genial.

Wer Vernunft und Verstand bevorzugt, sollte sich fragen,
ob es damit gegen das Gefühl oder den Glauben geht.

Erhören willst du keinen, der dir gehorcht, und kannst du nur den,
dem du nicht gehorchst.

Den Boden der Tatsachen bildet für viele der Sargdeckel über dem
Höllenschlund.

Arkadien ähnelt soweit einer Utopie
wie eine Landkarte einem Geschichtsbuch.

Der Geist des Gesetzes sitzt für viele
auf den vier Buchstaben des Vorgesetzten.

Ein Mensch ohne Bibel ist ratloser als ein Kunde ohne Warenkunde.

Der Fernseher steht zwischen mir und der Fernsicht.

Wie gut und gebildet muss man sein,
um sich bessern und bilden zu können und zu wollen?

Des Gedankens Blässe sucht gern Blutbäder.

Der Himmel ist heute nur eine Hürde für Aufsteiger,
Astronauten und Kosmologen.

Auch wer mit dem Strom schwimmt, kann ertrinken.

Dünger und Rosen sind einander nicht anzuriechen.

Vorbildgebende Verfahren. Du kannst nicht wollen, was dein Hirn
nicht will, doch musst nicht wollen, was dein Hirn will.

Meine Nächstenliebe nützt mir selber mehr als der Gemeinschaft
meine Eigenliebe.

Wer lieber Herr auf dem letzten Stern als Knecht im Mittelpunkt der Welt ist, soll sich von Kopernikus gedemütigt fühlen? Wer von einer animalischen Vitalität träumt, soll sich von Darwin gedemütigt fühlen? Wer geschmeichelt ist von so viel Tiefe unter seinem oberflächlichen Wissen, soll sich von Freud gedemütigt fühlen?

Wer äußerliche Werke verinnern will, muss innere Werte veräußern.

Dem Nomaden, der Ansässige bedroht, schenkt der Staat ein Eigenheim, damit er lebenslänglich auf der festen Arbeitsstelle tritt.

Für Hirnforscher gehört ein eiserner Wille zum alten Eisen
und trägt Handschellen.

Das Mahlzeiten und nicht das Mahlen ist des Müllers Lust.

"Es gibt keine absolute Wahrheit" über uns,
sagen die absoluten Herrscher.

Man bemüht sich schon so lange intensiv um objektive Erkenntnis,
dass die Objekte sich mal langsam erkenntlich zeigen könnten.

Auf Freuds Couch gerät man ins Schwimmen
gegen den Strom seines Bewusstseins.

"Der Mensch ist das Maß aller Dinge."
Dann ist der Arbeitssklave ein Unmensch.

An der längsten Leine liegt die Freiheit..

Die meisten von uns würden alle Teufel und alle Engel unter uns
am liebsten auf eine einzige ferne Insel verbannen.

Mein Gewissen ist zusammen mit seinem Opfer in meinen Hirnzellen
strafgefangen.

Man ist gesellig, weil man ohne Knechte nicht leben will,
und asozial, weil man mit Herren nicht leben will.

Salvatorische Klauseln : Ruckzuck ohne Heckmeck
"Lieber ein unzufriedener Sokrates als ein glückliches Schwein." *(Mill)*

Auch mancher Säugling möchte noch einmal wieder so jung sein
wie ein Foetus.

Wer gegen den Flüchtlingsstrom schwimmt, muss kein Held sein.

Sogar dein Glück kann eine List der Machtvernunft sein.

Der Computertomograph zeigt: Unser Hirn zwingt uns Gedankenfreiheit
auf, und jeder kann frei wählen, ob er Entscheidungsfreiheit haben will.

Dass sich jemand unsichtbar macht,
wird nicht nur in Diktaturen nicht gern gesehen.

Der Mensch war nie Selbstzweck, sondern Werkzeug des Unmenschen

Ich weiß ja, dass man rein gar nichts tun kann. Trotzdem tue ich nichts.

Ein Kamel, das mich „Kamel!" nennt,
will mich vielleicht gar nicht beleidigen.

Ein Buch sollte verständlich geschrieben sein,
doch nur für Leute, die zu lesen verstehen.

Das ganze Weltall lässt sich zerlegen in Kleinigkeiten,
aus denen es nie bestand.

Wer das offene Meer erreichen will,
darf nicht gegen den Strom schwimmen.

Schriftsteller ist, wer Substanz durch Substantive
und Tätigkeit durch Verben ersetzt.

Seit Darwin stammen Unmenschen von Menschen ab,
die von Untieren abstammen.

Eigene Einfälle haben mich am meisten beeinflusst,
dich und euch am wenigsten.

Einige haben es satt, Hunger zu haben, andere sind es satt, immer
satt zu sein, und haben gesegneten Appetit auf Bärenhunger.

Das Klima könnte sich auch erwärmen,
weil wir langsam zur Hölle fahren.

Wollen Menschen auf den Mond,
weil auf Erden ihre Schuld schwerer wiegt?

Die ganze Wahrheit über das Sein könnte kein Heidegger sagen,
sondern nur das Nichts, und das hat auch bei ihm nichts zu sagen.

Jedes Menschenkind muss hindurchsteuern zwischen Scylla und
Charybdis, Pflichten und Rechten, gut und böse, wahr und falsch.

Können denn Menschen, die Schweine sind, auch vom Affen abstammen und Menschen, die Esel sind, von Kamelen?

Die Zukunft wird nur Beweise liefern, dass wir zu Recht die Wahrheiten von heute schon heute als Vorurteile von morgen betrachten
dürfen – und diese Beweise als die Vorurteile von übermorgen.

Das Weltall ist älter als die Weltgeschichte und diese älter
als deine Lebensgeschichte. Älter als das Weltall ist die Logik,
älter als die Logik ist nur Gott und das Tohuwabohu.

Besteht die Anziehungskraft nur aus Fliehschwäche und die Fliehkraft
nur aus Anziehungsschwäche, kreisen Körper nicht stabil umeinander.

Menschenaffen könnten sich höherentwickeln, wenn sie sich mit
Menschen paarten. Dazu zeigen sie wenig Neigung.

Gerechtigkeit herrschte, wo die natürlichen Unterschiede
der Menschen ihre sozialen Unterschiede ausgleichen würden.

Ehe 2000 : Sie fühlt seine Gedankenlosigkeit,
er denkt an ihre Gefühllosigkeit, oder umgekehrt.

Bücher, die von Scheiterhaufen gebucht wurden, gelten als gescheit.

Du machst dir Gedanken, damit sie dich nicht packen,
und sie kommen dir, damit du nicht selber denken musst.

Geschichtslose Zeiten haben vielleicht noch eine große Zukunft.

Der arme Sünder im irdischen Jammertal fürchtet hin und wieder,
dass er doch noch nicht in der Hölle ist.

Realität ist so, dass sie zu Träumen zwingt,
doch Phantasie nicht so, dass sie zum Handeln treibt.

Dieser Mensch hat mich tief enttäuscht, der ist für mich gestorben.
Wie Christus für die Menschen?

„Gott ist tot", sagt Nietzsche. „Ja, ich weiß", sagt der Christ,
„Christus ist gestorben".

Die Glut des Guten, die Wut des Bösen wachsen mit dem Widerstand dagegen. Widersteht nicht dem Bösen, sondern dem Guten!

Tarnkappen sind und machen unsichtbar.
Deshalb leugnet mancher ihre Existenz.

Wer eine Menschenwürde hat, kann sie niemandem geraubt haben.

Im großen Ganzen bin ich ganz verloren,
doch schon die kleinste Kette verbindet.

Trinkspruch: Das Meer besteht nicht aus Wellen oder aus Welten im
Wassertropfen.

Astronomen spielen häufiger mit offenen Sternkarten
als Politiker mit offenen Landkarten.

Man glaubt an die „Weltformel", die den Weltraum und die Elementarteilchen verbindet, aber nicht der Bibel, die den Verkehr zwischen dem großen Gott und dem kleinsten Menschen regelt.

Wie soll das Werk seinen Meister loben,
wenn der Meister sein Werk lobt?

Demokratie ist ein Versuch, freie und ungebundene Leute gesellschaftlich zu verbinden und voneinander gefesselte Leute zu trennen.

Diktatur meint Herrschaft über Sklaven, Demokratie meint Herrschaft über freie Menschen.

Der Sinn des Lebens liegt darin, dass das Nichts schlimmer ist als die Hölle und der Himmel besser als das Dasein.

Ich bin so dumm, dass ich andere von ihrer Dummheit nie überzeugen konnte.

Sobald Astronauten zum Mars geflogen sind, gibt es Marsmenschen.

Verstecken lässt sich Geltungssucht nur hinter Qualität.

Die Vatersprache gilt immer noch als (schwierigste) Fremdsprache.

Ob er *von* Armen oder *für* Arme lebt, der Satte frisst Hungrige.

Wer die Nase voll hat, hat noch lange nicht den Hals voll.

Hört er Lügen über sich, ist jeder so empört,
als hörte er die Wahrheit über sich.

Was du nicht gegeben hast, das fehlt dir,
und was du zu viel gabst, hast du nun zu viel.

Geschichte ist immer noch, was uns hindert,
zeitlos Unveränderliches zu sehen.

In seiner Wohnung ist mancher weniger als im Weltall.

Jeder lebt von Toten und stirbt an Lebenden.

Am schlimmsten ist Verfolgungsangst vor der eigenen Gefolgschaft.

Auch schon einfache Ansagen und Aussagen gehören zu den Sagen.

Lob und Tadel sind die vorhersagbarsten selffulfilling prophecies.

Knechte legen sich die Lasten auf, Herren legen sich auf die Lasten.

Wer erreicht schon sein Ziel?   Man bleibt stehen und schickt Pfeile.

Alle Menschen sind wie Brüder – wie die jüngeren zum ältesten.

Volkes Stimme heißt einst *Stimme Gottes,* nun *Stammtischpopulismus.*

Der einzige rote Faden, der sich durch die Weltgeschichte zieht,
ist die Blutspur.

Originell sein heißt Vergessenes plagiieren.

Kann man nur leben *mit* Menschen, *ohne* die man leben kann?

Dichter halten Flüchtiges fest, Denker verflüssigen Verfestigtes.

Der Mensch will ewig leben und täglich die Zeit totschlagen.

Es geht uns inzwischen so schlecht, dass wir nicht merken,
wie gut es uns geht.

Was man im Kopf hat, hat man nie in der Hand; das Geld und
die Leute, die man nicht in der Hand hat, hat man stets im Kopf.

Der Wolf wird so friedlich wie das gefressene Lamm,
und die dümmste Gans ist der schlaueste Fuchs,
wo es um schöne Gräser und hässliche Entlein geht.

Viele Menschen haben nur etwas von dem, was sie nicht haben.

Die christliche Nächstenliebe läuft heute darauf hinaus,
jedem Mitmenschen zu einem gesunden Egoismus zu verhelfen.

Die Gedanken sind frei – am freiesten in der Zwangsjacke.

Wer sich ins Schneckenhaus verkriecht,
kann niemanden zur Schnecke machen.

Kann ich einem das Wasser reichen,
das ihm bis zum Halse stehen soll?

Die Welt bleibt sich ewig gleich:
Ändern will sie immer nur, wer es nicht kann.

Schmeichler müssen nicht erst Zeugnisse vorlegen.

Mancher ist einfach zu blöd für richtige Geisteskrankheiten.

Wer uns glänzen lässt, der scheint uns glänzend – unbesehen.

Der Traum des Gerechten: Gute Menschen dürfen irgendwann
sterben, böse müssen unsterblich schmoren.

Niemand kann an den Haaren herbeigezogen werden,
die er lassen muss.

Der Tod deiner Eltern macht dich sterblicher als die Geburt deiner Enkel.

Herren tut's leid, Knechten tut's weh.

Einst verdummten wir ohne PC, dann gegen den PC
und heute wegen des PC.

Vielen fällt es viel leichter, liebe Verwandte zu bestrafen
als böse Unbekannte.

Tafelsilber und Kronjuwelen

Man wünscht uns meist mehr Glück als verdienten Erfolg.

Erbitte vom lieben Gott nichts, was der Teufel erhören könnte u. u.

Man lässt sich lieber ertappen bei stolzen Exzessen
als bei unverdienten Defekten.

Der Mensch wird aus seinem Kopf nicht klug: Erst ist er zu jung,
um dumm zu sein, und später zu alt, um weise zu sein.

Man kann Sprachen verkomplizieren,
ohne komplexen Sachen näher zu kommen.

Stille Wasser. Tiefe Gefühle denken nach, tiefe Gedanken fühlen vor.

Mut ist meist Feigheit, und Feigheit ist Mut – auf anderen Gebieten.

Wer reinfällt, der grübelt, wem er eine Grube grub.

Der Himmel enthält all das, was die Mehrheit der Menschen nie gewollt
hat, und freien Willen gibt es wohl nur zu Dingen, die niemand will.

Wer gar nicht richtig leben kann, will immer besonders viel erleben.

Lieben heißt an einem Menschen hängen –
wie an einem seidenen Faden.

Mancher verirrt sich aus dem schönsten Labyrinth heraus
geradewegs ins freie Schussfeld.

Mancher schämt sich nicht, sich lieber seiner Armut vor den reicheren
Nachbarn als seines Reichtums vor der hungernden Weltmehrheit zu
schämen.

Auf Knien kommst du höher als auf Stelzen.

Ein normaler Christ ist für die Hölle zu gut
und für den Himmel zu schlecht.

Tempo! Zeit wird immer kostbarer, die Uhr immer billiger.

Ereignisse im nächsten Jahrhundert lassen sich leichter voraussagen
als solche im nächsten Jahr.

Pazifisten heißen Kämpfer, die mit aller Gewalt
Frieden um jeden Preis wollen.

Gibt es Legastheniker, die nur zwischen den Zeilen lesen
und schreiben können?

Auf unseren Tellern halten sich Fische nur schlecht über Wasser.

Aufgeschlossene Menschen treffen sich in geschlossener Gesellschaft.

Der Frühling deutet den Herb'st
als beste Winterpretation des Sommers.

Wer das Töten liebt, der hasst die Toten.

Man kann banal und trivial sein, ohne all die originellen Köpfe zu
kennen, die man dazu erfolgreich umgehen muss.

Am besten kennt jeder die, von denen er am wenigsten wissen will.

Meist denkt man nicht mit dem Kopf, sondern mit dem Brett davor.

Christ sein 2000 : Liebe deine nächsten misslungenen Abtreibungen!

Einige Grenzen führen nach beiden Richtungen ins Exil.

Ein gefesselter Mensch bietet vielen einen fesselnden Anblick.

Gibt es andere Fehler, Schwächen und Verbrechen als erfolglose?

Ein Liebender bekleidet sich am liebsten
nur mit dem bloßen Leib des anderen.

Keine Kunst ist heute so beliebt wie Musik.
Blinde übertreiben eben ihr Gehör.

Gebildet ist, wer übers Ziel hinausliest,
und fromm, wer übers Ziel hinausbüßt.

Mein Oberstübchen ist voller Spinnweb,
irgendwas bleibt immer hängen.

Träume deuten – auf Erwachen.

Gib deinem Roboter viele Unterroboter
und er macht dir keinen Aufstand.

Wer keinen Kosmos kapiert, kreiert Kulturen.

Denker verdanken ihren Sinnen Details,
die dem Denken ihren Sinn verdanken.

Warum hüten Wahrheiten oft besser als Lügen unsere Geheimnisse?

Allgemeinbildung heißt heute Fachidiotie auf mehr als einem Gebiet.

Jeder will den Nächsten so klein machen, wie er sich vor der Welt fühlt.

Der Mensch ist ein aktives Wesen – auf rastloser Suche
nach neuen Formen der Ruhe und Muße.

Oft bereichern wir unser Leben nur mit ewigen Versuchen,
es zu verkürzen – und umgekehrt.

Die fanatischste Ordnung wird meist von Chaoten geschaffen
und die größte Unordnung noch häufiger von Pedanten.

Am schwersten ist denken, wenn man es kann.

Jede Aktionstheorie wird beherrscht von dem Gedanken
des entthronten Denkens.

Denke nur das, was du auch fühlst;
du fühlst ohnehin weniger, als du denkst.

Das Leben schützt besser vor dem Denken
als das Denken vor dem Leben.

Die Leute, die sich nach dem schrecklichen 20. Jahrhundert
zurücksehnen werden, sind noch gar nicht alle geboren.

Ob wohl manchen Toten die Lebensstrafe zur Bewährung ausgesetzt ist?

Moderne Kunst macht ihre Musen zu Zicken, Schlampen oder Lesben.

Ein Genie ist ein Mensch, dessen Lebensalter zu einem Zeitalter wird.

Die Menschheit ist so alt,
dass alle irdischen Rohstoffe eigentlich Ruinen sein müssen.

Was einer auf dem Herzen hat, gehört oft besser ins Hirn.

Wer nicht in sich geht, geht selten seinen eigenen Weg.

Gebranntes Kind scheut das Feuer:
Nur Schisshasen haben Erfahrung.

Wer auf den grünen Zweig kommt,
steht auch nicht mit beiden Füßen auf der Erde.

Um ewig zu leben, schlagen Dummköpfe die Zeit tot.

Wie kann man den Bürgern einen trojanischen Pegasus
voller Dichter schenken?

Die Insel der Glückseligen lag immer im Tränen- oder Tintenmeer.

Fortschritt : Verdrängung von Vorfahren und durch Nachkommen.

Viele Leute eint das Ziel, Gott zu meiden,
und trennt das Ziel, Gott zu werden.

Wer nicht besser fliegen kann als im Flugzeug,
der schießt auch Vögel ab.

Der Rechtsstaat tut oft gar nichts, um nicht zu viel zu tun,
wenn er nicht gerade zu viel tut, um nicht zu wenig zu tun.

Dichter und Denker sind stets Ausländer –
heimisch in geistigen Regionen.

Linke, die die *Innerlichkeit* verteufeln,
wollen Arbeiter am Nachdenken hindern.

Freie Märkte, sagen ihre Gegner,
verdrängen das Beste besser als Zensurbehörden.

Was ich ganz in der Hand habe, ist nicht einmal meine andere Hand.

Wer Affen als Versuchskaninchen nimmt, nimmt auch Hasen für Igel.

Der Kämpfer sinkt auf das Niveau des Siegers.

Durch rosarote Brillen sieht grüne Natur kackbraun aus.

Fast jeder Erdbewohner sieht im Spiegel mehr als im Kosmos.

Bäume, die in den Himmel wachsen,
treiben ihre Wurzeln bis in den Höllenpfuhl.

Wer Selbsterkenntnis und Menschenkenntnis für nützlich hält,
hat noch keine.

Künstler leben immer noch von den Übertretungen der Zehn Gebote.

Solange das Denken sich ständig ändert, bleibt die Welt unverändert.

Geht der Lehrer in Pension, fängt der Ernst des Lebens an
wie für jeden, der von der Schule abgeht.

Du rügst meine Mängel, die du liebst,
und lobst meine Gaben, die du hasst.

Um die Finsternis zu erforschen, braucht es Licht –
das sie aber ja vertreibt.

Stell dir vor, gar nichts steht fest,
und keiner kann das daher feststellen.

Du gehst mit dem Kopf durch die Wand : der Klügere gibt nach.

Wer nur um sich selbst kreist, merkt kaum,
ob die ganze Welt sich um ihn dreht.

Wissen ist Macht? Stell dich dumm, um Gewalttätigkeit zu kaschieren.

Wir nennen dich genial und uns normal,
damit wir nicht dich normal und uns trivial schimpfen müssen.

Charakter heißt nun,
immer derselben Art von Unzuverlässigkeit treu zu bleiben.

Bessere Übersetzungen legen frei,
was im Original verborgen geblieben wäre.

Verbreitest du Lügen über mich,
verbreite ich die Wahrheit über dich.

Sklaven zünden nur noch ihre Zigaretten statt *ihre* Fabriken an.

Jeder Knecht findet seinen Knecht, und ein Knecht ist, wer einen hat.

Ruf mal : "Macht doch, was ihr wollt!", und dir wird blind gehorcht.

Morpheus ist Kultur, Morphium ist Zivilisation.

Befreiung heißt Entlassung in ein größeres Gefängnis,
doch mancher fühlt sich nur im Unendlichen eingesperrt.

Ein Gehirn wäscht die anderen.

Der Tiefgang, den ich suche, ist in der ganzen Nordsee nicht be-
heimatet, und die Höhenluft, die ich brauche, ist in Oberschicht und
Überbau längst verbraucht.

Schon die gute alte Zeit war ja aus den Fugen,
aber noch aus den Fugen Bachs.

Jedem wird ins Grab nachgerufen,
was ihm an der Wiege gesungen war.

Bergsteiger und Gipfelstürmer nennen unseren festen Erdboden
schon Abgrund.

Im Abstand von ihnen werden Körper immer kleiner
und Geister immer größer.

Aus jedem Labyrinth führt nur ein größeres heraus.

Es gibt zwei Arten von Menschen, die sich wenig verstehen:
Die einen fühlen Fernweh schon im Mutterleib,
die anderen Heimweh schon bei der Abnabelung.

Das größere Übel besteht oft darin,
das kleinere nicht finden zu können.

Kinder fühlen sich schon so klug und Greise noch so dumm
wie (als) Halbstarke.

Früher hießen sie die „Stillen im Lande",
die heute in Bio-Genlaboren arbeiten.

Schillernde Seifenblasen, platzende Luftballons

Cogito, ergo sum : Das ist zweifellos wahr – im Mund von Descartes.

Stark ist, wer schwach genug wird,
sich von Gefühlen überwältigen zu lassen.

Mitmenschen gibt es, damit jeder weiß,
ob er Tränen lachen oder weinen soll.

Scheuklappen hindern uns manchmal zu sehen,
dass andere gar keine tragen, und wer sie ablegt,
der sieht oft, dass er gar nichts Sehenswürdiges mehr sieht.

Boomen die Rauschmittel, um tiefe Sorgen oder nur tiefe Gefühle
abzuwehren?

Gute Menschen missfallen meist. Sie erinnern uns nur daran,
dass wir keine sind.

Keiner muss das Volk aufklären, dass man selber etwas *ändern* kann.
Das Volk hat immer gewusst, dass man alles nur verschlimmern kann.

Realismus? Auf dem Boden der Tatsachen bleibt auch,
wer sich dem Erdboden gleichmachen lässt.

Sadisten sagen immer die Wahrheit.

Diktatur herrscht dort, wo die Polizisten gefürchteter sind
als die Verbrecher.

Wir müssen intelligenter sein als die Natur,
um etwas von ihr erkennen zu können, doch in ihr steckt mehr
Intelligenz versteckt, als wir von ihr erkennen können.

Früher schämte man sich seiner niederen Triebe und verdrängte sie,
heute schämt man sich der Scham und verdrängt schlechtes Gewissen

Kompromiss. Wer Unrecht hat, bekommt oft halbes Recht,
wenn er die andere Hälfte opfert.

Ein Genie hat die Fähigkeit, unserer Sprache nicht mächtig zu sein
und nichts zu können, was andere für lebenswichtig halten.

Wenn man schon sterben muss, dann als besonnener Held;
wenn man schon leben darf, dann als feiger Geistesheld.

Glauben heißt, den Augen eines Unsichtbaren zu trauen
wie der eigenen Blindheit.

Physik : Neugier der Natur in uns auf die unbelebte Natur um uns.

Wer genug Erfahrung hat, hat schon zu viele Kenntnisse, die nicht
mehr gebraucht werden, um rasch genug Platz für neue zu haben.

Romanautoren sind die einzigen Eltern,
die ihren Geschöpfen nicht ähneln wollen.

Höhere Werte haben den Preis, nicht durch Preisgabe niederer
Werte bestraft werden zu wollen.

Haben wir so viele kleinere Bestandteile,
wie wir Bestandteile von Größerem sind?

Ein Aphorismus kürzt sich so lange, bis er nicht mehr langweilt.

Denken ist ein Selbstgespräch,
bei dem am Ende meist der Klügere nachgibt.

Jedes Mathematikbuch hat vor einem Roman wenigstens voraus,
dass es nicht genügt, sich dabei zu langweilen,
um es guten Gewissens weglegen zu dürfen.

Bereichert euch, doch durch und nicht an Armut!
Das Christentum achtet nicht die Gottesrechte des Menschen,
sondern die Menschenrechte Gottes.

Wer Theorien praktiziert, handelt wie einer, der von Realität träumt.

Das Brett vorm Kopf kann auch ein Brot-, Schach- und Surfbrett sein.

Der Phänomenologe trägt das Wesen der Dinge zur Schau,
als gäbe es sie gar nicht.

Die moderne Kultur ist Sklavin des strengen Tabus,
kein gebrochenes Tabu je zu rehabilitieren (z. B. Schäferpoesie).

Innere Leere ist wie ein voller Tisch ohne Platte, der alle Beine fehlen.

Mutig können auch Lumpen sein. Es gibt kaum eine Tugend, die nicht
auch Gaunern nützt, doch kein Laster, das menschlicher Güte dient.

Christen liefern längst keine Gottesbeweise mehr, sie beweisen
nicht einmal mehr, dass sie an Gott glauben, aber Naturwissenschaftler beweisen immer neu, dass sie Ihn wieder nicht finden können.

Modern Sex : Versuch, unsere Triebschwäche mit äußerster Härte
zu unterdrücken und zu verdrängen.

Sätze sitzen einfach, liegen falsch oder stellen fest, was feststeht.

Unding an sich. Was meint "Gott" anderes als den menschlichen
Begriff von einem objektiven Jenseits aller menschlichen Begriffe?

Realität versteht der Forscher nur in der Tradition seiner Theorien,
der gemeine Mann nur in der Praxis seiner Traditionen.

Wissenschaft sucht die Lösung aller Rätsel,
Philosophie findet das Rätsel aller Lösungen.

Der Dummkopf weiß alles, der Gebildete eher nichts.

Wird allein die große Sünde, keine begangen haben zu wollen,
am Ende bestraft?

Wir haben kein großes Interesse mehr, unseren Sex zu verdecken, aber er verdeckt nun unser großes Desinteresse aneinander.

Lebensläufe folgen Lebensplänen,
wenn in windstiller Geschichte wenig geschieht.

Was mir spontan so einfällt, hat Wert für meinen Psychoanalytiker, nicht für die menschliche Kultur oder meine Kultivierung.

Tyrannen verordnen den freien Willen ohne freie Wahlen.

Von Diktaturen befreit man sich jetzt gern unter dem strengen Diktat technischer Modernisierung.

Innere Leere ist frei – von und zu allem.

Alle linken Forderungen sollten ganz erfüllt werden, damit die wahre Verelendung beginnen kann zu schmerzen und aufzufallen.

Entweder ist noch nie jemand eines natürlichen Todes gestorben oder anders als eines natürlichen Todes.

Humanwissenschaften waren mit Erfolg einmal Hilfsdisziplinen der Metaphysik.

Wer sich keinen Begriff machen kann, macht sich ein Bild, und wer sich nicht selbst ein Bild machen kann, macht ein Foto oder Image.

Gelöste Rätsel drücken oft mehr als unlösbare.

Technische Apparate fesseln uns so,
dass wir freien Zugang zu ihnen fordern.

Gut kann nur ein Besitz sein, um den dich niemand beneidet.

Individuen erscheinen, wo sich gleiche Ursachen verschieden auswirken können, und gegensätzliche Gründe machen Menschen gleich.

Wer resigniert, der toleriert.

Gott gab uns freien Willen, damit wir irren, und klaren Verstand,
damit wir uns auch darüber irren können.

Alle können sich frei entscheiden zur Gleichheit, und wenn alle
gleicherweise frei sind, werden einige bald ungleich genug,
um die Gleichheit aller zu kontrollieren.

Was verrohte Länder an Rohstoffen gewinnen, sind ja in Wahrheit
edle Fertigprodukte, die in Fabriken zerstört werden.

Religion erzeugt die einzige geistige Massenkultur,
die nicht banal und billig ist.

Revolutionäre sind blutige Anfänger,
und epigonale Schlusslichter vollenden alles.

Nur Gewohnheitstiere schaffen Ungewöhnliches
und extraordinäre Leute Ordnung.

Geschichte ist keine Folge der Geschehnisse,
sondern Genealogie von Dämonen.

Jede Biographie beginnt vor der Zeugung, und der Tod gehört zu den
Prämissen eines Schlusses : Aus dem Leben folgt, was auf ihn folgt.

Unsere Eingangstür zum ganzen Weltraum ist dieselbe
wie zu einem Frauenzimmer – ein enger Geburtskanal.

Alle Unbegabten sind gleich, und ihre Befreiung hebt diese Gleichheit
nicht mehr auf. Die Gleichheit ist ungerecht gegen den Begabteren,
und das Naturtalent ist ungerecht gegen den Unbegabten.

Von Gleichheit und Gerechtigkeit, von Frieden und Freiheit träumt,
wer von keinem besonderen Naturtalent nachhaltig gefesselt ist.

Graph : Zusammenhänge zwischen unabhängigen Variablen

Die Natur wird beherrscht von der Naturbegabung,
auch Naturtalente zu unterjochen.

Die meisten gesellschaftlichen Projekte heute
schänden nicht Ökobiotope, sondern heilige Stätten.

Alle Aufklärer, die Gott und die Seinen für veraltet oder für unklar
erklärt haben, sind inzwischen heillos veraltet oder obskur.

Naturforscher fahnden nach letzten materiellen Ursachen aller
Phänomene, als wäre die fassliche Materie letztlich nicht mysteriöser
als eine unfassbare Intelligenz.

Und die Reichen stehn im Dunkeln, und die Armen stehn im Licht.

Aphoristiker stellen etwas auf die Beine,
indem sie es auf den Kopf stellen.

Unser Hirn mag ja bestimmen, was wir von der Natur erkennen
können, aber was das Gehirn erkennen kann, wird umgekehrt von der Natur bestimmt, aus der es sich entwickelte.
Wahrheit ist Übereinstimmung des Hirns, das unsere Naturbil-
der produziert, und der Natur, die unsere Hirne produziert hat.

Patientenverfügung. Wer eher abgeschaltet werden darf,
kommt billiger.

Wir haben Wünsche, um Arbeitsprodukte zu erzeugen,
und Arbeit, um Wünsche zu erzeugen.

Man will ja alt werden, nicht um mehr wissen, tun und genießen
zu können, sondern um müde verlöschen zu dürfen und nicht
hingerichtet zu werden.

Lasst die Sonne nur herein und nicht nur euer Licht leuchten über uns

Gewissen, das nicht abgerichtet wird zu richten,
behält seine Beißhemmung.

Wiederentdeckte verdienen es, dass weder wie gestern ihre
Stärken noch wie heute ihre Schwächen vergessen werden.

Welchen Sinn hätte ein Leben, in dem nichts Sinnloses Platz hat?

Christen praktizieren Demut, um Gottes Gnade zu manipulieren.

Ein Metermaß kann mit dir allein seine Länge nicht bestimmen.

Kann man Böses erleiden wollen, um nichts Gutes tun zu müssen
und sich doch Gottes Lohns sicher zu wähnen?

Das Gewissen vermindert sich als bloßes *Über-Ich*,
wie das All sich durch bloßen *Urknall* gewiss vergrößert.

Wer an Auferstehung glaubt,
glaubt an den aufrechten Gang auch für Tote.

Das geistige Interesse kann wählen zwischen dem zeitlosen Gemetzel der Geschichte und dem ziellosen Gestöber des Weltraums.

Wer weniger um andere fürchtet, fürchtet sich mehr vor ihnen.

Gegen allen Trubel des Lebens hilft es weniger, einmal in den Tod
(oder über Leichen) als oftmals über Friedhöfe zu gehen.

Der originelle Künstler verändert durch seine Existenz
die Definition des Menschen.

Der Wunsch nach Unsterblichkeit ist der Wunsch, den Tod
schon hinter sich zu haben, aber die Chance, wiedergeboren zu
werden, ist nicht größer als die, überhaupt geboren zu werden.

Gott hilft Angsthasen durch Verstecke
und Helden durch Phantasielosigkeit.

Sein läßt sich vom Schein unterscheiden, weil es paradoxer erscheint.

Wer Geschichte machen will, kann keine Geschichten erzählen.

Der Druck der *repressiven Gesellschaft* brachte mich in Form,
Lust und Laune lösen mich in selbstverwirklichte Luft auf.

Erhaben übers niedere Volk fühlen sich nieder(trächtig)ste Triebe.

Die Massenmörder des 20. Jahrhunderts wären früher rechtzeitig
vor die *Heilige Inquisition* zitiert und früh genug verbrannt worden.

Der Perverse gewinnt die Impotenz des Abstinenten zurück.

Der Motor der Geschichte ist die Naturwissenschaft,
deren Motor die Geschichtslosigkeit ist.

Vor dem Höllensturz bewahren kleine Engelsflügel
besser als große Raketensprünge.

Am unvergänglichsten sind die besten Sänger der Vergänglichkeit.

Aphorismen mögen bloße Halbwahrheiten sein,
Wissenssysteme geben die restlichen Halbirrtümer ab.

Früher konnten Leibeigene geistig frei bleiben, heute müssen freie Bürger
Arbeitssklaven sein, die selber Sklaven halten.

Die raffinierteste Genussfähigkeit der Welt erreicht der vielbelächelte reine
Theoretiker.

Eine emanzipierte Demokratie würde als erstes Mobilität, Entertainment,
Produktion, Information und Kommunikation freiwillig reduzieren.

Der *freie Westen* ist so frei, dass selbst sein Wahl- und Konsumverhalten
vorherzubestimmen sind.

Fortschritt misslingt an seinen Triumphen und siegt durch seine Fiaskos.

Wie lange *besitze* ich, was ich gesehen, getan, geliebt, geschlagen und gehabt *habe*?

Privatkapitalismus erzeugt eine klassenlose Gesellschaft von Armseligen, die Geld haben, und Plutokraten, die kein Geld haben.

Es gibt nichts Beständiges, aber Ewiges. Das Vergehen höret nimmer auf, doch das Unvergängliche fängt immer wieder neu an.

Ist der Mensch das Maß aller Dinge, kennt er keins mehr.

Christ sein heißt, lieber Sklave im Himmel als Herr der Hölle sein wollen.

Sartre ist von Freiheit gefesselt. Wer frei ist wie Chesterton, sehnt sich nach Bindungen und Abhängigkeiten.

Ein Künstler hat es geschafft, sobald er zur Preisjury zählt.

Wer Wahrheit will, fügt sich der Realität. Wer gut sein will, fügt sich den Normen von Recht und Moral. Wer in den Himmel will, fügt sich der Bibel. Wer Kunstwerke genießen will, gehorcht Geschmackskriterien. Wann bin ich also frei?

Vergangenes kommt uns zu, Zukunft vergeht sich an uns, und Gegenwärtiges ist meist Widerwärtiges.

Wer den Herrgott nicht ehrt, ist seiner Herren wert. Laß dich von Ihm demütigen, um das schärfste Teleskop und Mikroskop der Welt zu haben.

Wer die Natur beherrscht, macht sie zunichte, so dass er über nichts, also gar nicht herrscht.

Menschen würden ihrer *Menschenwürde* würdiger werden wollen.

Huren sind nicht einfach tolerant und gastfreundlich, sondern offen für alles und alle.

Zur Strafe aufs Glücksrad geflochten

Wetterkarte. London 7°, Paris 5°, Rom 10°, Berlin 1° und ich 37°.

Hirnforscher haben herausgefunden, dass die Autonomie des Unterleibs und des Oberstübchens sich gern freie Souveränität des Menschen nennt.

Freud zerlegte mein grundfalsches Gedankengebäude bis in einzelne Steinchen, um daraus eine wahre Hundehütte zu errichten.

Schöpferische "Kunst kommt vom Können" der Schöpfung in uns.

Der menschlichen Vernunft ist die Gabe gegeben, sich selbst zu nehmen, was sie sich an Daten nicht geben lässt.

Demokratie sorgt dafür, dass die Gewählten sich viel gewählter ausdrücken, aber kaum klüger sind als ihre Wähler und Nichtwähler.

Psychologen und Soziologen erklären Menschen zwischen zwei Geschichtsepochen.

Demokratie garantiert mein Recht auf eigenen Schwachsinn, soweit ich das volle Recht anderer auf ihren Unsinn nicht verletze.

Wer an seine unsterbliche Seele glaubt, hält sich leicht für Teil des ewigen Gottes.

Früher forderte jeder, der andere möge sich gefälligst bessern. Heute will jeder sich selbst verbessern, damit andere schlechter aussehen.

Die Moderne sieht in allem einen Rohstoff und kein Endprodukt, aber sich selbst als Endstation, nicht als Etappe.

Wissenschaft zerlegt die Welt aus Angst vor ihr in objektive Begriffe und subjektive Bilder. Das moderne Weltbild verlötet den Biologismus innerer Werte mit dem Idealismus niederer Triebe.

Christen glauben heute an Christus wie Filmfreunde an die Diva.

Was Deutsche leichter nehmen wollen, macht sie seichter;
was Franzosen schwerer nehmen sollen, macht sie schwerfällig.

Bloße Köpfe atmen leibhaftige Sinnlichkeit,
nackte Körper nur abstrakte Mechanik.

Dass politische Ökonomie unser gesellschaftliches Schicksal sei,
gehört zum ideologischen Überbau der Epoche.

Wer Menschen vergöttert, vermenschlicht den Teufel,
und bete lieber noch Bilder und Vorbilder an als dich selbst.

Je dicker ein Buch, desto ungefährlicher. Aphoristik ist auch die Kunst,
ein altes Sprichwort wieder hochinteressant zu machen.

Liebe und Geld regierten die Welt, wenn es nach unseren Wünschen
ginge und die Geschichte nicht gäbe.

Tolerieren kann man dumme und feige Irrtümer,
die nackte Wahrheit braucht mehr.

Ein Aphorismus passt kaum noch auf Leser,
deren Sinn und Geschmack er verändert.

Freiheit imponiert lediglich als Zügellosigkeit oder als gelegentliche
Chance, sich seinen Diktator selbst auszusuchen.

Nicht nur der Christ glaubt an die Wiederauferstehung
toter Texte, die längst für uns gestorben sind.

Auch menschliche Maßlosigkeit ist nicht das Maß aller Dinge.

Wer noch so frei ist, nicht das zu tun, was er kann und soll,
ist weit vom Ziel entfernt, wertloser zur Welt zu kommen,
als er sie verlässt.

Religion und Philosophie differieren darin,
dass das Höhere sich dem Niederen opfert oder verdankt.

Dem Zeitgenossen ist wichtiger, was du tust, als was du denkst.
Dem Christen wiegt schwerer, was du glaubst, als was du verbrichst.

Gott nennt sich letzte Ursache dafür, dass es keine (zu finden) gibt.

Der Klassenkampf von großbürgerlichem Kapital und proletarischer
Fabrikarbeit basiert auf dem Konkurrenzkampf mittelständischer
Labors um Steuermittel.

Ein Verfolger wähnt in seinen Opfern gern Verfolger,
die sich verfolgt fühlen.

Wer sich gerade so über Wasser hält, sollte nicht hören müssen,
dass er nur an der Oberfläche bleibt.

Beneide jeden Reichen und jeden Geistreichen, aber nur um das,
was keiner mit seinem Reichtum anfängt.

Der Demokrat will selbst verfügen,
ob er sich lieber der Macht oder dem Geld fügt.

Welche niedere Kreatur könnte keine höherentwickelte überwältigen,
doch welch hohes Tier muss sich erniedrigen?

Ein Hirnforscher kann gegenüber unserm unfreien Willen immerhin
seinen freien Unwillen durchsetzen.

Eine Erklärung, die nicht rätselhafter macht, was sie erklärt,
müsste erklärt werden.

Wer Komplexe schrecklich vereinfacht, hat nicht Höheres auf Unteres,
aber Großzügiges auf Niederträchtiges zurückgeführt.

Der weite Raum zwischen dem Nichts und dem Vollkommenen
wird auch von zehn Milliarden Erdbewohnern nicht ausgefüllt.

Heute wird alles banal, also existiert kein Gott – mehr für uns.

Zu oft verzeiht man, um selbst straflos auszugehen.

Das All verschlingt mich wie ein Nichts,
wenn meine Wünsche und Impulse es mir nicht verdecken.

Das Schicksal bereichert alles, was du willst,
um das, woran du nie gedacht hast.

Das Kind hofft, dass man seine Fähigkeiten entdeckt;
der Greis hofft, dass man seine Unfähigkeiten nicht entdeckt.

Neue Ideologien zeigen die harte Politik von schwammigen Theorien, aber alte Institutionen die laxe Praxis von strengen Doktrinen.

Mancher sucht die Religion, da ihm ein einziger Gott
mehr Bedeutung und Beachtung schenkt als die ganze Gesellschaft.

Kunst ermöglicht die Tollkühnheit von Feiglingen,
Wissenschaft duldet den Kleinmut von Geisteshelden.

Industrie- und Sozialarbeit vermehren die Bedürftigen schneller,
als ihnen zu helfen.

Der *Triumph der Technik* ist kein bloßer Triumph des menschlichen
Geistes, sondern auch ein Triumph über den menschlichen Geist.

Heutige Hirnforscher haben entdeckt, dass wir keinen freien Willen
haben. Es wird schon stimmen, dass wir nicht frei sein wollen.

Hirnforscher haben jüngst entdeckt, dass der Computer-Tomograph
in ihren Hirnen keinen freien Willen entdecken konnte.

Der Mensch von heute hat keinen *freien* Willen. Dieser Spielball
seiner Launen hat nicht einmal einen guten und *festen* Willen.

Synergiedefekte in single´s fellow feelings

Man sucht nun mit Inbrunst in Sex und Geld,
was man mit Glück früher in Gott und der Seele fand.

Wer für Nachkommen oder Nachwelt lebt,
lebt heute für die unbekannte Mode von morgen.

Aufstände helfen dem Volk, statt Ketten Illusionen zu verlieren.

Die Französische Revolution erhob den Beamten zum Edelmann,
den Aristokraten zum Demokraten, den Dienstmann zum Kaufmann,
den Kaufmann zum Plutokraten und den armen Sünder zum reichen
Protestanten.

Dein Talent, für das du nichts kannst,
schafft Werke, auf die du stolz bist.

Heute opponieren die Klassen derer,
die zu schwer und die zu leicht von Begriff sind.

Wer in jedem möglichen Massenmörder vor allem den Menschen sieht,
sieht irgendwann in jedem Menschen den möglichen Massenmörder.

Der Mensch hat sich Gottes entledigt wie eines unliebsamen Zeugen
seiner Sauereien.

Atheisten und Agnostiker sind Gutgläubige, die geistige Abenteuer
scheuen und Extremdisziplinen für Körperertüchtigung halten.

Die Würde des Menschen gipfelt in Ausbeutungs- und Kreditwürdigkeit.

Man wird auch dadurch langsam besser,
dass man Güte lange genug vorspie(ge)lt.

Wer seine Feinde dadurch liebt, dass er seine Wohltäter hasst,
ist noch kein Christ.

Intellektuell ist der Zweifel, ob man um der guten Sache willen lügen oder ihr um der Wahrheit willen schaden soll.

Junge denken nur an Liebe, Alte lieben das Denken auch nicht.

Sind Schwarze, Rote oder Gelbe die Wahrheit der Weißen?

Schockierend ist heute nur noch, was uns alles nicht mehr schockiert, und furchtbar, was wir alles gar nicht fürchten.

Douceur de vivre, gout de l´abime. Gott beantwortet keine Fragen, er stellt sie, wie er uns stellt, und macht sie fragwürdig.

Sind wir alle politische Wesen, wird die Polizei unser Schicksal.

Früher durfte ich nicht offen reden, heute darf ich nichts für mich behalten, außer Gekauftem.

Die Schönheit hässlicher Frauen liegt nicht in den Schönheitsfehlern der Schönen.

Was wert wäre, erkannt zu werden, aber keiner wert ist zu erkennen, nannte Kant *Ding an sich.*

Ist eine Wahrheit das Recht, ihre unbelehrbaren Gegner geisteskrank zu schreiben?

Wer arbeitet, glaubt sich selbst besser zu erkennen als Dinge, die er nur betrachtet.

Wer originell sein will, folgt modischen Originalitätsmustern.

Philosophie löst uralte Probleme dadurch, dass sie brandneue entdeckt.

Denn sie wissen, was sie tun, nur nicht dessen Motive und Folgen.

Wer keine Klassiker liest, will keinen Abstand von sich gewinnen.

Von Christus unterscheiden sich andere gescheiterte Geistesführer dadurch, dass sie nie toter wirken als nach ihrer Wiederauferstehung.

Wir sind des Klassikers überdrüssig,
der unserer überdrüssig gewesen wäre.

Neidlos wird vor allem, wer sich überlegen dünkt.

Was wäre Gottes Vollkommenheit,
wenn er sie nicht freiwillig vollkommen preisgeben könnte?

Mit dem Tabu, das sie bricht, schwindet auch die Lust
oder wird banaler Juckreiz.

Interessanter bei Darwin ist nicht das wenige Angepasste,
das überlebt, sondern das viele Bunte, was daran zugrunde geht.

Sapere aude : Wage es, (streitsüchtigen) Geschmack zu haben.

Wer kann Charakterstärke verlangen von Künstlern, deren Stärke darin besteht, sich in fremde Charaktere verwandeln zu können?

Dass Christus seit zwei Jahrtausenden verliert, während jeder weltliche Sieger höchstens zwanzig Jahre lang siegt, ist der einzige Fall, wo das Recht der Macht mit der Macht des Rechts halbwegs zusammenfällt.

Ein Christ glaubt, dass der Gescheiterte den Gescheiteren überlebt, dass ein ermordeter Gott alle menschlichen Gewinner richtet.

Vor der Geschichte rettet nicht, Zukunft gegen die Vergangenheit zu verteidigen, doch vergangene Ewigkeit im ewigen Vergehen zu sehen.

Jedes Weltbild bildet eine Bildwelt.

Dass alles vergänglich ist, ist kein guter Grund, es kaputt zu hauen. Die reiche Hölle ist das Reich Gottes, das arme Sünder gründen.

Reaktionäre wollen politische Aktionen, IT-Aktien und Sexualakte.

Revolutionäre würden den Jüngsten Gerichtshof restaurieren.

Frieden, Freiheit und Gerechtigkeit beginnen wie alle Dinge dort,
wo sie enden.

Lebt menschenwürdiger, wer seine Nichtswürdigkeiten
selbstverwirklichkeit, als wer Über- oder Unterlegenen dient?

Ließe Gott sich beweisen, hätten Atheisten recht.

Niemanden stört es, vom Affen abzustammen, die Sonne zu umkreisen,
von Märkten, Genen und Trieben getrieben zu sein,
aber ein begnadeter armer Erbsünder will keiner mehr sein.

Jeder ist stolz auf seine Menschenwürde,
seit er seine Gotteskindschaft infantil heißt.

Naturalisten überwinden Idealisten,
weil Niedertracht die Verstiegenheit unterbietet.

Wären Leib und Seele und Geist eins,
könnten sie nicht voreinander schützen.

Der Wille kann sich befreien, aber so gebändigt
wie das Gesetz, das er selber wählt.

Wenn Politiker, Philosophen und Journalisten argumentieren,
überzeugen sie eher davon, mich überredet zu haben,
als dass sie mich überreden, überzeugt zu sein.

Ein Bestseller ist ein Gemeinplatz an der Sonne.

Stümper zu unterstützen, ist leichter, als Talente zu unterdrücken,
doch ein Genie ist schwerer als den Stümper nur begabt zu machen.

Wer um Gnade fleht, schreit zum Himmel;
wer Gerechtigkeit fordert, betet zu Satan.

Urteilchen, noch nicht rechtskräftig

„Die Weisheit des Armen wird missachtet, und seinen Worten lauscht keiner."
(Prediger 9, 16)

Das liebe Geld stinkt nicht, wohl aber die liebste Kunst,
es zu vermehren.

Leute kämpfen lieber miteinander als mit sich,
und bei manchen ist es dasselbe.

Dass sie auf manches verzichten, wird bei Hochleistungssportlern
verstanden, nicht bei Priestern und Mönchen.

Alle Menschen sind gleich, außer den großen.

Klassenkampf heißt, dass Straßenkehrer, die saubere Wege
hinterlassen, besser verdienen wollen als Schullehrer,
die schlechte Schüler hinterlassen.

Bürger schreiben über niedere Dinge, um dem niederen Volk nahe
zu sein, dem das zu hoch ist, wo es mehr frisst als hurt.

Was nie wieder gelesen wird, ist Klassik.
Was nie wiedergelesen wird, ist modern.

Die Philosophen können die Welt nicht mehr anders interpretieren,
es kömmt ihnen deshalb darauf an, sie zu verändern.

Zum Faulpelz tut man zu wenig, zum Glückspilz zu viel.

Die Gesellschaft vereint die Schwächen der Starken und die Stärken der
Schwachen, die sich zu keinen Berufen berufen fühlen.

Sich ins pralle Leben zu stürzen, sollte kein Wunschtraum
mehr sein, sondern als selbstloses Ehrenamt anerkannt
oder in Strafkataloge aufgenommen werden.

Entweder 2-Stundenarbeitstag oder Tourist mit Eigenheim, Auto und PC !

Künstlerische Technik nutzt dazu, die Schäden, die industrielle Technik am Leben hinterlässt, nicht auszugleichen, sondern unerträglich zu machen.

Ein Talent kann sich unter zwei Umständen entfalten:
Sie dürfen es nicht blockieren und sie dürfen es nicht begünstigen.

Alles kann der unendliche Gott in endlich vielen Schritten, der endliche Mensch aber nur in unendlich vielen Schritten vollständig bestimmen.

Die Natur hat dein Hirn so erschaffen, dass es laut Kant und CT ein so und so beschaffenes Weltbild erschafft, und der Ewige hat dich so er-schaffen, dass eine so beschaffene Welt dich in jeder Hinsicht so schafft, dass du sie an- oder abschaffen willst.

Humanismus ist ganze Auflehnung gegen gute Gesellschaft,
gutes Christentum Ablehnung der ganzen Welt.

Pornographen sind nicht glücklicher als Puritaner.
Angst, von Gefühlen überwältigt zu werden, eint beide.

Gewissenlose haben ein gutes Gewissen,
Willenlose nicht mal einen schlechten Willen.

Alle Nachfahren könnten uns gleichen, viele Vorfahren nicht.

Kultur soll heißen, dass hundert Talente in hundert Jahren mehr erkennen und ausführen müssen, als ein Genie in einem Leben erfahren und ausdrücken kann.

Dogmatiker waren die Pragmatiker von gestern,
Pragmatiker sind die Dogmatiker von heute.

Auch das Schöne muss sterben, nur nicht das schönste Zeugnis davon.

Wer nichts Altes mehr glaubt, muss technischen Neuerungen vertrauen.

Was soll ein guter Künstler anfangen mit Quantentheorie oder Phänomenologie und ein stiller Gelehrter mit einer Weltliteratur voller Kriegsgeschrei und Liebeshändeln?

Das Interessante ist nicht der Düngermist unter der Rose, sondern die Rosenblüte über dem Kot.

Die Krankheiten des einen sind die Therapien des anderen u. u.

Dinge enthalten ganze Begriffe, diese ganze Urteile, diese ganze Schlüsse und Entschlüsse zu ganzen Weltbildern samt Zerstörung.

Man muss auch den anhören, der keine Meinung haben will.

Der feinste Stoff ist noch nicht der gröbste Geist und der größte Mensch noch nicht der kleinste Gott.

Vorzüge, die man nicht oft genug vorspiegelt, erwirbt man nie.

Die Grenze meines Erfahrungsvermögens ist unerfahrbar und die Erfahrung meiner Grenzen selber begrenzt.

Aus Gottesfurcht hält sich mancher an den äffischen Ahnen in sich.

Wer keine Macht hat, muss wenigstens immer Recht haben, u. u.

Die Idee, die Wahrheit besitzt, ist ohnmächtig; die Idee, die Macht besitzt, ist unwahr.

Man kann der Kirche nicht zugleich vorwerfen, sich zu weit vom urchristlichen Jesus und nicht weit genug von der unaufgeklärten Dorfreligion entfernt zu haben.

Wer sich selbst akzeptiert, wie er ist, will nur nicht seine Schuldigkeit tun und seine Nichtswürdigkeit der Disziplin eines Ideals fügen.

Um menschlich zu sein, darf man eher tierisch als göttlich sein und nicht an sich und den Menschen glauben.

Wer seine Illusionen liebt, ist mir lieber als einer,
der meine Illusionen nicht liebt.

Wichtiges, das in den Hintergrund tritt,
tritt eines Tages gründlich in den Hintern.

Wer mich ausbeuten will, wird mich auch ernähren.
Wer mich befreien will, wird mich auch töten

Jede Zeit entscheidet neu, ob sie leutselige Reiche über armselige
Arme stellt oder glückselige Arme über feindselige Reiche.
Die Religion schwankt da nie.

Der Positivist hält für real, was auch amusische und ungläubige
Leute von der Welt sehen.

Jeder sollte so viel wert sein wie das Ideal,
um das er gegen sich selber kämpft.

Vaterlose Menschenkinder bekämpfen nun ein „Patriarchat",
wo Männer keine Väter und Väter keine Männer sind.

Der Christ fügt sich bewusst einem Dogma, um die tausend Dogmen
seiner Epoche zu überwinden. Sein Gegner fügt sich unbewusst
tausend Dogmen seiner Zeit, um einem christlichen Dogma
sich überlegen zu fühlen.

Es ist vernünftig, sich der Wahrheit zu unterwerfen. Wer sich überhaupt unterwerfen will, muss das, dem er sich fügt, als wahr erweisen.
Was dazu dient, heißt Vernunft.

Heiligs Blechle. Um viele Menschen zu verstehen, genügt die Statistik.

Animal rationale: schlauer Fuchs, aufgeklärter Lastesel, durchtriebene
Triebe, animalische Wurzeln oder rationalisierte Tierhaltung?

Ein Konformist ist ein Rebell, der einen Panzer mehr fürchtet
als seinen PKW und Arbeitslosigkeit mehr als seinen Arbeitsplatz.

Der Emanzipierte weiß nicht, ob er den freien Sex glückselig, redselig, armselig, mühselig, leutselig, rührselig oder feindselig sprechen soll.

Bist du lesbar, verstehen dich Bücher.

Am liebsten verwirfst du, was deine Überzeugungen eigentlich bestätigt, und begrüßt alles, was sie im Grunde widerlegt.

Ein Werk wiegt umso mehr, je weniger es mir zusagt und je mehr Mühe es kostet, sich ihm zu nähern, ohne den Abstand zu verlieren.

Alle sagen freiwillig das Gleiche und führen so ihre Redefreiheit ad absurdum, die wohl nur deshalb gewährt ist.

Früher war Geschlecht schlecht. Heute ist es samt Geist nicht freier, aber schlicht grobschlächtiger.

Über Geist und Geld fällte Marx zu gebräuchliche Tauschwerturteile.

Mathematik oder Idealismus verteidigen den Kopf gegen den Bauch, Kopfschmerzen oder Hirnforscher den Bauch gegen den Kopf.

Exzellenz ist eher Eminenz als Evidenz. Wer ernst macht, braucht Mut und Gewissen; wer spielen will, hat Kunst und Wissenschaft.

Jeder, der sich klug findet, ist dumm, doch nicht jeder, der sich für dumm hält oder verkaufen lässt, ist intelligent.

Die Hirnforschung sagt Willensfreiheit und meint die Bibel.

Berkeley 2000 : Esse *mundi* est percipi *Deo*.

Alle Unabhängigkeit von den Mächtigen hängt ab von der Abhängigkeit vom Allmächtigen.

Das stille Gemüt des Gelehrten hilft gegen schrilles Gemetzel der Geschichte, gegen die Langeweile stabilen Komforts aber kein rastloser Fortschritt.

Zwischenräume
Ungelüftete Geheimnisse, winzige Resträtsel

Überzeugen Dinge uns durch Eindrücke davon, daß sie existieren?
Ich muss für existent halten, was ich nie als selbsterdacht durchschaue

Ihr seid das Salz der Erde; wenn es dumm wird,
was wollt ihr in die Wunden reiben?

Ehrlichkeit eignet sich als Vorwand, um ungestraft zu verletzen.

Der Aufgeklärte gibt seinem Schöpfer die Peitsche und seinem Affen
Zucker, bewerkstelligt Wirklichkeit und wird Produkt seiner Produkte.

Wer tiefste Sehnsüchte erfüllt, macht Verdacht, an niederste Instinkte
zu appellieren, und umgekehrt.

Der Dritte Stand beneidet die Hungrigen der Dritten Welt um ihre
authentischen Extremerfahrungen, und Langeweile belebt sich am
satten Blick auf Elendsviertel.

Denken : durch Antworten in Frage stellen und durch Fragen beantworten.

Im Vulkanausbruch wurde kein gerechter Zornausbruch Gottes gefürchtet,
sondern in Gott umgekehrt ein jederzeit mögliches Erdbeben.

Vernunft löst unvernünftige Rätsel, die Gesellschaft asoziale Probleme.

Die Epoche bestimmt Themen, die verstanden werden können. Wer Verstand hat, wählt Themen, die zur Zeit nicht verstanden werden wollen.

Hohen Gedanken darf man niedere Gelüste opfern, aber auch für edelste
Begeisterungen auf das letzte bisschen Geist verzichten?

Wäre der kulturelle Überbau aus Einstein, Picasso und Adorno ein Reflex
des wirtschaftlichen Unterbaus, müssten wir Fabriken, Büros und Börsen
unbedingt konservieren.

Individuell Natürliches ist selten spontan und Spontanes selten originell.

Jeder Text wird noch als wahres Dokument einer unwahren Mentalität behandelt, nicht mehr als Urteil über den, der das tut.

Man nutzt lieber seine Gewerbe- als seine Rede- und Gedankenfreiheit.

Wir bewerten vergangene Epochen nicht nach der Höhe ihrer Ideale, sondern nach ihrem Abstand von diesen (und unseren) Idealen.

Verherrlichen, d.h. ausbeuten lässt sich der Nimmersatt besser als der Asket.

Du stammst davon ab, dass der Affe eher von dir abstammt als du von dir.

Einst entwerteten die Werte unsere Willkür. Heute entwertet unsere Willkür die Werte. Unwillkürlich wirkt nun beides wertlos und willkürlich.

Unbewusstsein ist Ohnmacht, doch der Wille zur Ohnmacht macht klug.

Heute dürfen alle sagen, was sie denken – weil alle dasselbe denken oder gar nicht.

Kultur ist Luft. Ohne ihren Widerstand kommt jeder nicht schneller voran als ein Vogel im Vakuum.

Ein originelles Bewusstsein ist falsch, eine originelle Moral ist böse und ein nicht originelles Kunstwerk mittelmäßig.

Wir würden erschrecken, würden wir das, was uns erschreckt, als Folge dessen sehen, was wir erstreben. Wen verwundert, dass ihn nur tief verwundet, was er tief bewundert?

Hochreligionen grenzen an denselben Wahn, im Nirwana zu versinken und zu behaupten, man verschmelze mit dem All und seiner Wahrheit.

Lohn gibt es für Arbeit, die sich nicht lohnt,
Gehalt gibt es für Arbeit, die keinen hat.

Enteignung ist die *Sozialbindung* des Eigentums,
Ausbeutung ist die *Sozialbindung* der Lohnarbeit.

Konsens macht Nonsens. Solange das Parteiengezänk anhält und kein
geschlossenes Handeln erfolgt, wird nichts weiter kaputtverbessert.

Gott darf als jeder Bettler auftreten, jedoch kein Christ als ein Christus.

Was kann ich wissen? Nur Nützliches und Schädliches. *Was soll ich tun?*
Mal dies, mal das, alle Werte sind relativ und wir nicht frei. *Was kann ich
hoffen?* Auf langes Hinvegetieren mit „Patientenverfügung" und Antibiotika

Unser Wankelmut sagt, alles sei heute ins Wanken geraten. Unfähig etwas festzuhalten, klagen wir, nichts stehe fest. Aber was je wesentlich
gewesen ist, ist es immer noch, und alles, was je wahr war, ist immer
noch wahr, wir wollen es nur nicht wahrhaben. Wir erarbeiten uns keine
ganzen Kulturen, unterwerfen uns nicht jahrelanger Disziplin von Künsten
und Wissenschaften, unter dem Vorwand, da wanke auch alles.

Braucht man mehr Spielraum, sich zu entfalten oder zu zerstreuen?

Eine Macht, die das Geld nicht verachtet, geht aufs Geld über.

Bist du eher widerlegt durch Anhänger oder bewiesen durch Gegner?

Die Zukunft der Liebe liegt bei alten Klosterbrüdern und Betschwestern.

Man kann noch wählen zwischen uraltem Aberglauben, den fast keiner
mehr glaubt, und neuestem Aberglauben, den fast jeder glaubt.

Die Werte werden aus Abfalltonnen steigen,
und der Müll wird aus allen Wolken fallen.

Vergehen müsst ihr nicht nur, damit andere entstehen können, sondern
auch, weil andere vergehen mussten, damit ihr entstehen konntet.

Die Heuchelei haben wir abgeschafft – zusammen mit den Idealen,
die wir heuchelten.

Bric à brac : Geistige Mikroben, Molekülkalkül

In manchen Philosophien kann ich schwer unterscheiden zwischen einem Beweisgrund, der mich überredet, und einer Rhetorik, die mich überzeugt.

Der *Urknall* zeigt, dass man über Ursprung und Ende nichts weiß und vermag, aber zwischen Geburt und Tod mehr Freiheit genießt als Macht.

Wenn nur die Besten und nicht nur der gute Wille uns regieren dürfen, siegt das Naturtalent über Vernunft und Gerechtigkeit.

Ein Aphorismus ist die Einheit eines Satzes, der Gegensätze vereint, und eines Satzes, der in Widersprüche zerfällt.

Die harten Alten haben vielleicht manches Genie verhindert, aber die zarten Neuen noch keinen faden Wichtigtuer.

Eine Philosophie kann nichts verstehen, sobald sie selbstverständlich wird, aber einiges erklären, solange sie einigermaßen unerklärlich bleibt.

Die meisten arbeiten gern viel mehr, als für ihr Leibeswohl nötig wäre, um unbezahlter geistiger Mühe zu entgehen.

Heute wird kein Problem totgeschwiegen oder gelöst. Es wird gewissenhaft unter den Teppich zerredet, bis Überdruss nach neuen Themen ruft.

An jeder Straßenecke fährt man zusammen vor den teuflischen Doppelgängern eigener Götter und Lieblingsideale.

Ein Lehrbuch der formalen Logik und eine Anthologie romantischer Lyrik durchzuarbeiten, wäre wichtiger als fast alles, was Bürger heute so tun.

Natur entwickelt sich höher, Popkultur verwickelt sich darin, uns ein- und abzuwickeln.

Für manche Welträtsel ist man zu dumm, für andere nicht einfältig genug.

Ein Gorilla ohne Instinkt ist kein Mensch mit Ideen,
und ein Mensch mit Unterleib kein Affe mit Überzeugungen.

Die besten Bücher liest erst der Erwachsene im Halbstarken,
dann das Kind im Greis.

Wer schämt sich, dass er sich nicht schämt für das,
womit er sein Geld verdienen und womit er sich davon erholen muss?

Freunde : Leute, die einander mehr Stärken als Schwächen verzeihen.

Ich bilde mir ein, dass ich mir nicht nur etwas einbilde,
wenn ich an die Realität glaube, indem ich meinen Glauben realisiere.

Der Sinn des kurzen Lebens langweilt nur den nicht,
der überall Widersinniges entdeckt.

Um irgendwo gewählt zu werden, sind Dinge zu tun und zu lassen,
die den Gewählten oft disqualifizieren müssten.

Der Demokrat hat nicht einmal das Recht, sich selbst zu wählen
als Ausbeuter oder Ausbeute.

Eine größere Schwäche als für Charakterstärke
haben Dichter für Einbildungskraft und Denker für Urteilskraft.

Hat es sich eingebürgert, dass Bürger sich endlich verarbeiten,
ohne dass Arbeiter verbürgerlichen?

Der Christ wollte keine Macht durch Selbsterniedrigung, sondern sich verkleinern, um Millionen der Geringsten millionenfach vergrößert zu sehen.

Heute schmeichelt man seinen tyrannischen Launen
mehr als den launischen Tyrannen.

Gerechtigkeit ist ein Aufstand gegen Naturtalent und Geburtsadel,
nicht erst gegen deren Missbrauch.

Ich achte am höchsten, was ich am tiefsten verachtete,
und ächte am liebsten, was ich am meisten achtete.

Dein Ich denkt, dein Bauch lenkt? Descartes 1900: Mein Bauch denkt,
also ist er mein Ich. Descartes 2000: Mein Hirn denkt, also ist es mein Ich.

Man kann originell kopieren, aber nur epigonal erfinden.

Das 21. Jh. will die Probleme genetisch lösen, die technische Lösungen
des 20. Jhs. aufwarfen für soziale Probleme des 19. Jhs., als die Lösung
metaphysischer Probleme moralische Probleme bereitete.

Du *verdrängst* nicht mehr, was dir verboten wird, sondern was dir stinkt.

Geh mit dem Kopf durch die Wand, wo ein teures Bild hängt,
das man sich von deiner Welt gemacht hat.

Die Tragiker von heute wirken wie die Humoristen von morgen u. u.

Die Religion balanciert die Gerechtigkeit, die du gerade noch verkraftest,
mit der Ungerechtigkeit, die dein Gnadengesuch bitter braucht.

Verstehen kann Geschichte nur, wer sie hasst, verachtet oder belächelt.

Soziale Marktwirtschaft heißt : Lieber ein Automatenbediener am Band
als ein Kammerdiener am Hofe.

Der Verteidiger braucht eine geschlossene Festung,
der Angreifer ein offenes Fenster.

Schuld und Sünde heute : von Sünden statt von Schulden zu reden.

Die Gedankenfreiheit ist aufgezehrt, wenn das Bewusstsein vom wirtschaftlichen Sein und sexuellen Unterbewusstsein, von sozialen Kräften
und sprachlichen Strukturen, von historischen Formationen, genetischen
Codes und Gehirngesetzen bestimmt ist.

Kurze Aphorismen machen kurzlebige Wahnsysteme
und ewige Wahrheiten weniger langweilig.

Lieber fromme Betbrüder, schamlose Bettler bei Gott,
als fortschrittliche Tatmenschen, unverschämte Räuber beim Nächsten.

Die liebenswerte Revolution verfehlt durch überlegte Handlungen,
was die dummdreiste Religion durch Handauflegen erreicht.

Es gibt zwei Arten von Sündern : Die nicht an Teufel glauben,
grenzen selbst an Teufel.

Wer die Abhängigkeit der Welt vom Schöpfer bestreiten will,
muss die Unabhängigkeit seines Bewusstseins vom Sein
(und seines Unwillens vom Unbewussten) widerlegen.

Philosophen haben meine Welt bisher nur verschieden interpretiert;
es kömmt ihr aber darauf an, die Philosophen zu verändern.

Wir Nichtphilosophen haben unsere Welt bisher nie interpretiert;
es kömmt aber darauf an, uns nicht verändern zu lassen.

Die Erderwärmung nun ist der Sommerschlaf der Weltraumkälte
oder nächsten Eiszeit.

Vergängliches ist uraltes Symbol des Ewigen,
neues Immergleiches ein Symbol unserer Zeit.

Das Geordnete ist der ordinäre Erscheinungsort des Außerordentlichen,
nicht der Unordnung.

Ernster mit dem *linguistic turn* in der Philosophie machten Heideggers
Etymologien als Wittgensteins Sprachspiele.

Habermas wollte „semantisches Potential der Religion" politisch retten, als
wären mathematische Formeln, übersetzt in Umgangsdeutsch, nützlicher.

Das 20. Jahrhundert hat gezeigt, dass Gutes und Schönes interessanter ist als Böses und Hässliches.

Man kann sich seiner Heimat entfremden, aber auch in seine Heimat.

Pascal? Gedankenfreiheit kommt als Gedankenlosigkeit auch von Herzen.

Spar dir deine Toleranz nicht auf für Wahrheit, Heldenmut und Schönheit, wo du deine Intoleranz doch auch nicht sparst für Niedertracht, Irrsinn und Nichtswürdigkeit.

Man wird erwachsen zwischen Tagesmüttern und Landesvätern, Gottvater und Mutter Kirche, Leihmüttern und Doktorvätern, Magna Mater und Big Brother – indem man eins davon am Ende selber wird.

Man findet so lange, bis man zu suchen anfängt, verliert sich in der Suche und findet sich nur im hoffnungslos Verlorenen wieder.

Etwas begreifen heißt, es sich begreifbar zu machen. Wer sich einen Begriff macht, hat noch nicht nachgedacht *über* das, was *unter* ihn fällt.

Wer Begriffe zergliedert, kommt auf ihre Objekte, wer Objekte zergliedert, auf ihre Begriffe : Erkenntnis bewegt sich im Kreis – erdachter Objekte.

Werte sind eher Preisschilder als Wegweiser an den Dingen, aber auch Auswege aus ihnen.

Schicksal macht Mittelmäßige größer und Überdurchschnittliche kleiner.

Wer in Friedenszeiten den ewigen Konkurrenzkampf bekämpft, findet seinen Frieden oft erst im Krieg.

Gedanken über Macht realisieren sich durch Macht über Gedanken.

Träumen vereint mit den Dingen, Handeln entzweit mit den Dingen, und Denken vereint beides.

Muss der Gerechte viel leiden, weil die Lust ein Verlust und Vergehen ist?

Theologie ist menschliche Theorie der göttlichen Praxis und Gesellschaft eine menschliche Praxis, die Theorien über himmlische Theorie auslegt.

Gegen böse Gedanken hilft kein guter,
sondern gedankenlose Gedankenfreiheit.

Keiner ist der Wahrheit näher, als wer etwas Grundfalsches denkt.
Die meisten bringen es nur zum halben Unsinn.

Unter lauter Leichen wirkt jeder Lebende wie ein Geist.

Früher war man stolz darauf, von einem Gott abzustammen.
Den Schöpfer hat man durch einen Affen ersetzt und schämt sich nicht,
darauf immer noch stolz zu sein.

An dir ärgern mich am meisten meine eigenen Stärken und Schwächen.

Das theoretische war dem praktischen Leben immer überlegen,
weil untätiges Wissen mehr bewirken kann als tätiges Unwissen.

Künstlerischer Ausdruck lässt sich von vielsagenden Eindrücken gekonnt beherrschen.

Die Vitalität des Kindes wächst mit Gefahren,
den Greis können auch belebendste Dinge umbringen.

Die Marktwirtschaft heißt sozial, wenn sie den Ärmsten gibt,
was sie den Armen nimmt.

Denken ist kein stilles Selbstgespräch derer, die sich nichts zu sagen
haben, aber Kommunikation heute ein vorlautes Denken derer,
die lieber vorsagen und vormachen als nachdenken.

Die Kirche ist die permanente Modernisierung Gottes
und Christus die älteste Tradition der Kirche.

Große Ursachen, keine Wirkungen

Bonmots haben so viel miteinander zu tun wie Schicksalsschläge,
die sie parieren.

Die Hirnforschung beweist mir, dass ich nicht einmal genug freien Willen
habe, den Glauben daran aufzugeben.

Geistreiche sollten mit kleinem materiellen Vermögen nicht schlechter
fertig werden als Neureiche mit kleinem geistigen Vermögen.

Die Physiker wissen bis heute nicht, mit welchen leichtfüßigen Fliehkräften
das explodierende All die Schwerkraft besiegt, aber leichtfertiger Übermut
besiegt tiefe Schwermut leichter als hoher Geist, der sie erst erzeugt.

Das spielende Kind spürt nur den harten Griff des Vaters und sieht nicht
den Fenstersturz, vor dem er es zurückreißt. Manche Weisheit sieht
schweres Schicksal als einzige Rettung vor leichtem Verderben.

Akkord ist Mord. Wer Selbstmord begehen will, wenn er sterben muss,
muss auch nicht leben, wenn er schuften will.

Damit wir nicht eins werden mit Ihm, beginnt Gott nicht dort, wo wir enden,
denn wir fangen nicht da an, wo Er aufhört.

Man zwingt uns zu eigenen Interessen, Wünschen und Meinungen,
um uns zahlen zu lassen.

Die Leseratte kann wählen zwischen Büchern übers Leben mit Büchern
und dem Leben mit Büchern übers Leben.

Denker gehen allem auf den Grund und Leim und doch nicht zu Boden,
andere dem Boden der Tatsachen, zu dem sie gehen,
doch nicht auf den Grund.

Willst du Gottes Gedanken verstehen, übersetze die Muttersprache
der Gesetze in die Fremdsprache der Zufälle.

Du liebst deine Neider und hasst, wen du beneidest.

Umweltschützer haben von Natur aus einen so hohen chemischen Reinheitsgrad, dass sie vor einem Chemiestudium geschützt sind.

Was weder eindeutig noch zweideutig oder bedeutend undeutlich ist, muss noch nicht als Kunst gedeutet werden.

Immer mehr Frauen wollen gehasst und verhöhnt werden, als Chefs und Politiker.

Wittgenstein 2020. Die Umwelt ist alles, was der Abfall (von Umwelt-schützern) ist. Die Scheinwelt ist alles, was der Beifall und Reinfall ist. Die Unterwelt ist alles, was der Überfall, die Falle und das Fallbeil ist. Die Hinterwelt ist alles, was kein Fall für Philosophen mehr ist. – Und die Nachwelt zwischen Einfallschirm und Durchfallgrube?

Der Aphoristiker ringt intellektuell um die Fassung, die er emotional verliert. In letzter Sekunde fängt er sich, wo er auf sich selber ausrutscht, und gleitet aus auf seinem Sichfangen : Wir schrecken kurz auf aus dem Schlaf und – dösen gleich wieder weiter.

Ehe unsere Sprache konkrete Details auf blutleere Begriffe bringt, sollte sie die aus vollen, vielsagenden Gesamteindrücken herausziehen.

Literaturwissenschaftler wollen im Ernst Werke durchschauen, die die Welt gar nicht durchschauen, sondern mit ihnen spielen wollen.

Experimente werden vorgeschlagen von Praktikern, die sie nie auswerten, und von Theorien, die ihre eigenen Totengräber nie finanzieren können.

Wissen macht blind für besseres Wissen, doch Unwissen nicht hellsichtig für Unbewusstes.

Wir hassen Mathematik, denn verschwommene Ahnungen spüren wir genau, exakte Präzision aber bringt uns ins Schwimmen.

Wer allen seine Gefühle offenbart, verbirgt oft bloße Gefühllosigkeit.

Einsilbig nichtssagend : *Views from nowhere*
Komplette Auswahl aus großem Allerlei und Einerlei

Wer leicht zusammenfährt, tanzt auch leicht über alles hinweg.
Wer schwerer zu bewegen ist, ist auch schwerer wieder zu bremsen.
Wer beides vereint, versinkt gleich, um nicht wegzufliegen,
wenn er nicht gerade überschäumt, um nicht in sich unterzugehen.

Gedanke ist Gefühl, das viele Worte verliert, dem aber keine Worte fehlen,
um aus jedem Suppeneintopf alle Zutaten einzeln herauszuschmecken.

Mach aus der häppchenkulturellen Not eine aphoristische Tugend!

Wirst du vergesslich, vergisst du vieles.
Wirst du unvergesslich, vergessen dich wenige.

In aufsässiger Jugend enge Grundsätze,
im gesetzten Alter weiter Grundbesitz.

Wirst du nach Kant *empirisch* bestimmt von Dingen, deren Erscheinungen
du *transzendental* selbst bestimmst, und produzierst du beeindruckende
Waren, die du dann selber kaufst?

Das goldene Zeitalter hatte nicht den goldenen Boden des Handwerks,
die goldene Nase des Kunstwerks und das Schweigen des Mundwerks.

Was die Sprache von einer Sache aussagen will,
kann ein Begriff nur von einem Begriff aussagen.

Hinter dem Oxytocin im Blut steckt ein Liebesgefühl, nicht umgekehrt.

Das Problem mit der Liebe liegt darin, dass Leute,
die voneinander gefesselt sind, bald aneinander gefesselt sind.

Die mit der unglücklichen Kindheit bereiten denen
mit der glücklichen Kindheit einen unglücklichen Rest des Lebens.

Der eine kommt nicht mehr zu sich, der andere zu nichts anderem mehr.

Letzte Worte vor dem Tod sind schon erste Worte vorm Jüngsten Gericht.

Jeder sagt dir Besseres ins Gesicht, als du ihm in den Rücken denkst.

Tiefenpsychologen stellen eine probate Terminologie bereit, mit der seelisch Behinderte verbergen können, dass sie sich und uns nicht verstehen.

Die Grundlagenforschung der Technik
ist eine Niederlagenforschung der Wissenschaft.

Schlecht ist Musik, die den Hörer ermutigt, selber welche zu machen.

Man fordert oft verbriefte Gewissensfreiheit
und meint Freibriefe für Gewissenlosigkeit.

Viele Leute leben gerade so moralisch,
dass man sie nicht einsperren kann.

Von den Opfern, die du bringst, lebst du besser als von denen,
die dir gebracht werden.

Vergibt man nur solchen Leuten, von denen man sich noch etwas erhofft?

Ob Handarbeit oder Kopfarbeit, das Wesen des Handelns ist das Köpfen.

Feder : Welcher Autor schreibt mit mehr als der Spitze seines Eisbergs?

Humorlose Menschen werden zur Strafe selber komische Figuren.

Der Computer missbraucht inzwischen den, der ihn braucht.

Entweder Gruppendruck ist Moral oder verdrängt sie.

Der Himmel werde dir nicht schwerer als die Erde über dir.

Das Ziel vor Augen ist das Brett vorm Kopf.

Wer nicht richtig leben kann, tut das oft in der Hoffnung,
dann wenigstens auch nicht richtig sterben zu müssen.

Keins der hohen Weltwunder ist eine der tiefen Fleischwunden wert,
die sie ermöglichten.

Ein Philosoph blutet nicht durchs Leben.

Denk dir etwas apart Unstimmiges aus und hoffe auf eine Zukunft,
in der das als Kostbarkeit entdeckt werden wird.

Was ein Physiker über die Natur sagt, sagt wenig über ihn.
Was du von dir denkst, sagt mehr über die Welt.

Die französische Revolution köpfte einen König,
der die amerikanische Revolution unterstützte.

Gegen wie viel muss abstumpfen, wer ökosensibel sein will?

Der Sieger darf Tränen der Freude zeigen,
der Verlierer nicht Tränen der Wut.

Wer wenig lebt, hat nichts zu schreiben, wer viel erlebt, kommt nicht zum
Schreiben, und wer schreiben kann, hat wahrgenommen oder begriffen.

Heideggers „Seynslichtung" war ein Mauseloch, in das er sich vor der
Weltkatze verkroch : Das enge Schlupfloch war sein weiter Weltraum.

Die Naturgeschichte hat mit der Weltgeschichte ungefähr so viel zu tun
wie ein Naturtalent mit der Physik.

Mancher sieht so aus, als sei er unsichtbar,
mancher nicht so aus, als sei er blind.

Unglückliche nehmen sich nur das Leben, das ihnen geschenkt wird.

Frauenlob, Fürstenlob und Selbstkritik waren immer Ironie.

Eine Gesellschaft erzeugt heute Wachstum oder Erwachsene.

Wer hat nicht den Vogel zu glauben, dass er keinen hat,
den nicht jeder hat?

In der Kunst gewinnt das Leben mehr Gewicht und verliert seine Schwere.

Recht ist, was keinem recht ist.

Als Wissenschaften noch Wissen schafften...
Hinter äußeren Erscheinungen ein Ding an sich, hinter dem Ding an sich
wieder bloße Erscheinungen – aber diesmal von innen.

Dumm ist, wer nicht denken kann; klug wirkt, wer nicht denken will.

Du betrachtest eine Naturgeschichte in Jahrmillionen, als wäre sie
von Gott entworfen, behandelst eine Weltgeschichte von Jahrtausenden,
als wäre sie von Menschen gemacht, und hast eine Lebensgeschichte
von Jahrzehnten, als wäre sie erfindbar und erzählbar.

Irre glauben an annehmbare Vernunft,
Vernunftbegabte an schönen Wahnsinn.

Auf höchsten Leichenbergen erheben sich auch nur die größten Ruinen.

Unsterblich kann man(cher) schon werden. Aber was für ein Leben!

Die polierte Sentenz stört die glatte Funktion und Fassade,
nicht der raue Schrei.

Nein, ich bin nicht dumm. Ich kann nur nicht denken.

Hohlköpfe werden nicht abgeschlagen.

Manch geistreiches Werk will bettelarme Vorfahren retten und rächen.

Willst du dich mir unterwerfen, grantel mit mir,
damit es dir niemand vorwirft

Der Demokrat kann seinen Regierungschef nach vier Jahren abwählen
und von seinem Firmenchef in vier Minuten abgewählt werden.

Erst hört man auf, ein höheres Wesen zu vermissen,
dann eine höhere Kultur. Eher einen höheren als ein höheres Gehalt.

Philosophie treibt Probleme in Wissenschaften oder dorthin,
wo keine Wissenschaft sie – bisher oder jemals – behandeln kann.

Wer eine finstere Zukunft weissagt, kann nicht als Prophet gelten.

Philosophie ist Intuition oder Produktion in der Maske der Deduktion.

Jede tiefe Erfahrung verhütet weitere,
jedes flache Erlebnis erzeugt weitere.

Gerade Adorno, Philosoph des „Nichtidentischen", warf einem Eisler vor,
„unidentisch" zu sein : radikaler Komponist und ridiküler Kommunist.

Der beste Feind befreit vom falschen Freund.

Wer sich aufs Leben versteht, versteht es nicht,
und wer sie versteht, versteht sich nicht auf die Welt.

Nach Horrorfilmen ist der Alltagshorror erträglicher, und aus Alpträumen
erwacht man, froh, eines Tages nur ganz entschlafen zu müssen.

Utopie : Arbeitssklaven, die Adorno lesen und schriftlich kommentieren.

Prinz Hasenherz verachtet jede Welt,
die einen Prinz Eisenherz braucht und belohnt.

Die beschränkte Welt vorm unendlichen Ideal und mein beschränkter Kopf
vorm unbegrenzten All – zwei Sorten von Komik.

Der Bürger träumt von Gemeinschaft, die das Volk immer hatte. Der
Arbeiter träumt nie von Individualität, die der Bürger nur noch simuliert.

Geständnis unter Folter hat keine Beweiskraft, doch auch Mutter Natur gibt unter Experimenten alles zu, was Physiker von ihr wissen wollen.

Vollkommene high societies trösten das Volk mit perfektem Hightech.

Aufklärung : Wir lassen uns so viel technisches Spielzeug schenken, dass wir nie mündig werden müssen.

Erst steht der Philosoph starr vor Staunen,
dann starrt er auf seine erstarrten Begriffe.

Maschinensturm im Wasserglas. Der Arbeitssklave befreit sich, indem er sich zum Geistesarbeiter macht und eine Selbstbefreiungstheorie selbst ausarbeitet statt nur ausführt. Er überführt die asoziale Wirklichkeit in eine eigene Selbstbefreiungslehre statt eine sozialistische Revolutionstheorie in die soziale Wirklichkeit.

Der bürgerschreckliche Antikapitalist muss wieder Landmann oder Edelmann werden, wenn er kein Schafhirte sein will.

Eskapismus. Soziale Probleme behandelt vor allem jener, der keine hat.

Dass die Weltgeschichte eher Hochkulturen mit Arbeitssklaven als jeden Sklaven mit friedlicher Muße versorgt, ist keinen Historiker wert.

Die nicht kaltsinnig misshandelt werden, werden liebevoll missbraucht.

Sesshafte Bauern vertrieben nomadische Hirten und industrielle Blaumänner feudale Landmänner, ohne müßige Schäfer wiederzubeleben.

Die Gesellschaft zerfällt in Individuen, aus denen sie nie bestand, und das Individuum vergeht in Gemeinschaften, aus denen es nie entsteht.

Du erschrickst und forschst nach. Nun weißt du wenig und döst weiter.

Geschlagen, aber zum Ritter. Du sollst nur nach so viel von der Welt trachten, dass du den großen Rest lebenslang in Ruhe betrachten kannst.

Die Bibel will das Wahre, das Babel will die Ware für dich.

Man macht Geschichte selbst, aber nur unter der vorgefundenen Bedingung, die vorgefundenen Bedingungen dafür selbst machen zu müssen.

Um 1900 kann man noch seine Wollust, um 2000 schon seine Wollustlosigkeit nicht mehr verdrängen. Das Ergebnis ist das gleiche.

Um Humboldts Universität zu gründen,
musste Preußen erst Napoleon unterliegen.

In Worte fassen Denker, in Worte verwandeln Dichter die Welt.
Prosa verwandelt eine Sache in Sprache, Poesie Sprache in eine Sache.

Schriftsteller ist, wer gelungenen Sätzen ein gelungenes Leben opfert
und in all seinen Büchern die Grundbücher der Welt gründlich verbrennt.

Antworten suchen oft zu guten Lösungen passende Probleme.

Gut schreibt man nicht, weil man begabt ist, sondern man ist begabt für
bloße Worte, wenn es keine realeren Auswege gab.

Sinnliche Brunst nährt auch geistige Inbrunst,
ohne miteinander schwinden zu müssen.

Wir sind so frei, von Freiheit zu träumen und harte Eisenketten
für zarte Silberketten zu halten (oder umgekehrt).

Unangepasste passen sich auch denen nicht an.

Wer sich für dumm hält, ist deshalb noch nicht intelligent, aber handzahm
dämlich ist, wer sich für klüger hält als schlaue Füchse.

Der Raum hat die Größe der Körper, die Seelen haben die Größe der Zeit.

Zwei Hände für Geben und Nehmen, zwei Beine für Gehen und Stehen,
doch dasselbe Organ für Sprechen und Speisen, für *Poppen und Pissen*.

Diasporadisches von Helden und Händlern
(Minimalistische Maximen und Reflexionsreflexe)

Einst verteidigten Helden die schwache Kreatur gegen jede Macht,
dann Geisteshelden die rote Diktatur gegen jeden Arbeitssklaven.

Willst du dich wertvoller finden, opfere dich dem, der deiner nicht wert ist.

Wer sich nicht ernstnimmt, wird nicht erstgenommen,
doch immer ausgelacht wird, wer sich nie auslacht.

Wer nur ehrliche Politiker will, will eher Ehrlichkeit als Politik.

Man geht müßig, rast rastlos und tritt auf der Arbeitsstelle, die man hat.

Mein Nichtstun tut auch dir nichts, doch für Untätigkeit
fordert man Genugtuung wie für Untaten.

Wer Konsens sagt, muss auch Konflikt sagen, und wer bestreitet,
dass Demokratie sich nur mit ewigem Zank und Streit bestreiten lässt,
will sie gar nicht.

Sandkorn hart, Sandhaufen weich. Deutsche wollen ewigen Konsens im
Parlament und zerreden ihn in Talkshows.

Ich bin Avantgardist, mir folgt niemand.

Wieviel Kraft läßt die Lebenskunst, sich beherrschen zu lassen, für Kultur?

Man stirbt sich aus seiner Unwissenheit heraus.

Erst zwingt man sich, andere nicht zu begehren,
dann zwingt man sich, sie zu begehren.

Du verdienst es, von einer Sache überzeugt zu werden,
die dich Opfer kostet.

Romantiker zeigten, dass Sartres *Engagement* wie Fichtes *Tathandlung* eher Imagination als Aktion war.

Philosophischer Logos war nicht der Weg von religiösen Mythen zu wissenschaftlicher Logik und blieb von Künsten durch Begriffe getrennt.

Man kann dem Schicksalsglauben entgehen, nicht seinem Schicksal, und den Freiheitskämpfern eher entkommen als seiner Befreiung.

Gedanken, die zum Denken anregen sollen, sind nie weit genug gedacht.

Was die Gesellschaft von einem Individuum will, kann es ihr nicht geben, ohne sich aufzugeben, aber was es ihr geben kann, will sie nicht haben.

Verlass die Partei, die du ergreifst, und du gewinnst mehr, als sie verliert.

Dass auch der Satte stirbt und vergessen wird, beschäftigt ihn mehr, als dass Hungertote nicht einmal vergessbar bekannt werden.

„Im Schweiße deines Angesichts sollst du dein Brot essen", sagt dir der Firmenchef, ohne auch nur vor Sonne oder Angst zu schwitzen.

Wer eigene Gedanken hat, gibt fremde Einflüsse zu; wer keine hat, hält angeeignete Gedanken für eigene.

Man findet aus Labyrinthen heraus, die man aus der Luft sieht, aber auch der Himmel ist ein Labyrinth, aus dem kein Blick von unten heraushilft.

Geschliffene Sentenzen helfen gegen eingeschliffene Tendenzen.

Das Materielle, das bei Ernst Bloch der Prolet in die Hand bekommt, ist nicht bares Finanzielles, sondern beseeltes Arbeitsmaterial.

Wo viel falsch ist, rühmt man das wenige Wahre weniger, als man die wenigen Fehler rügt, wenn vieles richtig ist.

Statt Schnaps und Kirchen bringt man den Eingeborenen heute IT und Menschenrechtsdeklarationen.

Wirfst du Lebenslust weg, wenn du die Last abwirfst,
für Lasterhafte genug Lust abzuwerfen?

Hirnforscher machen dich so unfrei,
selbst vom freien Nichtmüssen träumen zu müssen.

Man macht sich kein Bild von dem, was man sich einbildet,
und kaum einen Begriff von dem, was man nicht im Griff hat.

Man will mich töten, weil man mich hasst,
und hasst mich, weil man mich töten wollte.

Heute tut jeder autonom gern selbst, was Automaten besser könnten,
und läßt sich durch lästige Institutionen von seinen Intuitionen entlasten.

Unkosten. Das Wertlose ist nun so teuer wie das Kostbarste kostenlos.

Wer nicht mehr ins Unbekannte vordringt, liegt schon im Grab
und wird dort wieder ins Unbekannte gedrängt.

Es gibt keine Bereicherung ohne Verunsicherung,
aber Bestürzendes, das nicht erhebt.

Mit Objekten gegenständlicher Kunst konnte man etwas anfangen.
Abstrakte Kunst will Handeln unnötig, ja, unmöglich machen.

Die Zielmarke des Genies ist nicht das Startloch des Epigonen.

Das Leben verneigt sich vorm Unendlichen, indem es sich dem Ende
zuneigt, und wer nicht durch seine Neigungen gestraft ist,
scheint mit einem Gewissen belohnt.

Gäbe es Göttliches in uns,
wäre es von keiner Repression und Depression erreichbar.

Deutsche Tagebücher : Ein Tropfen Realität auf zehn Liter Innenleben
ergibt eine ebenso gesunde wie geschmacklose Brause,
die jeden Wissensdurst löscht.

Eingeebnete Differentiale, brüchige Verstetigungen

Wenn das Unbewusste zu scherzen beliebt,
muss das Bewusstsein nicht witzlos sein oder lachen.

Martin Walsers schreibfreudigste „Mangelerfahrung" unterscheidet sich
von der seines Vorbilds Robert W. dadurch, niemals genug Mangel
zu leiden und eben daran zu leiden.

Schmachten macht schmächtig. Deine guten Gene werden weitervererbt,
doch nur samt deiner bösen Lebensbilanz.

Seit Kant können Erfahrungen nur gedeutet werden durch Unerfahrbares.

Gott hilft dem, der ihm glaubt, Satan nur dem, der nicht an ihn glaubt.

Too good to succeed, too weak to fail.   Dir fehlt nichts, du hast nichts –
du hast ja alles. Dir fehlt nur, dass dir endlich fehlt, was du *nicht* hast.

Sensibel ist noch nicht, wer eher Pelzmäntel im Sommer trägt
als Badehosen im Winter.

Für manchen ist es leichter, sich aus einer Falle zu befreien,
als für andere, überhaupt hineinzugeraten.

Blutarme Theorie. Erfahrungen können ein Weltbild widerlegen
nur zusammen mit einem besseren.

Naturgewalt ist nur zu mildern durch Kulturgewalt und umgekehrt,
doch wird beides verstärken, wer beides vermindern will?

Im Kampf ums Dasein siegt eher die Intelligenz, die ihm ausweicht.

Erkennen enthält weniger „Synthesis des sinnlich Mannigfaltigen" (Kant)
als sprachliches Auffächern eines emotionalen Gesamteindrucks.

Nach Betriebsschluss herrscht Betriebsamkeit.

Wer ist schon moralisch durch das Geständnis, unmoralisch zu sein?

Ernst Blochs klinische Melancholie war auch ein realistisches Korrektiv von utopistischer Überspannung seiner Hoffnungen.

Der Systemkritiker war ebenso viel besser als der Aphoristiker Adorno wie der Musikphilosoph besser als der Komponist Adorno.

Kümmerlichste machen keinen Kummer und kümmern sich um fremden.

Freiheit heißt, dass Verkehrsunfälle geglückte Aufstände sind gegen die Verkehrsregeln.

Logik ordnet nicht, was Leben verwirrt, sondern Kunst bringt kunstvoll durcheinander, was Mathematik geklärt hat.

Ich brauche keinen Schlaf, um träumen zu können, sondern Wachträume, um einschlafen zu können.

Jung ist, wer noch ganz der Alte ist, die gute alte Zeit ist die, als du jung warst, und wofür du nicht mehr zu jung bist, dafür bist du schon zu alt.

Wer sich nur nie entscheiden kann, prahlt mit seiner Engelsgeduld.

Werbeanzeigen lügen, verraten aber die letzte Wahrheit der Medien.

Auf das meiste im Leben reagieren wir mit Achselzusammenzucken.

Man kann gut auskommen entweder mit Geld oder mit Menschen.

Jeder muss sich mal entscheiden, ob er lieber missverstanden oder durchschaut sein will.

Wer nichts zu sagen hat, muss deshalb nichts zu verschweigen haben.

Das achte Gebot erfüllt am leichtesten, wer immer nur von sich redet.

Der Stein der Weisen wird ihnen in den Weg gelegt, um sie zu steinigen.

Arm ist, wer schon als Lotteriegewinn bucht,
sich Lotterielose kaufen zu können.

Hast du Feinde, verfeinde sie miteinander.

Wer sich nicht bereichern kann, muss die Währung wechseln.

Die Avantgarde strebt in die Urzeit, und Epigonen überholen die Zukunft.

Vergessene Binsenweisheit von gestern ist Fachphilosophie von morgen.

Die Institution der Ehe ist mehr als das Gestattungsinstitut der Vorlieben.

Irrenhäuser sind voll von messerscharf schließenden Logikern, die ihren
Unverstand verloren haben und keine Unvernunft annehmen wollen.

Absolute Herrscher strafen durch erteilte Absolutionen.

Herrenmoral heißt heute, dass Blufforgasmen von Mätressen
interessanter sind als wahre Liebe von Ehefrauen.

Unwissenheit führt keine Inhaltsverzeichnisse.

Don Quichote machte keine unerreichbare Dame zu seiner Magd,
sondern zur edlen Dulcinea eine zugängliche Magd.

Der Reiche steuert seine Flugzeuge, der Arme seinen Himmel bei.

Vor widerlichsten Vorzügen fühle ich mich voll glänzendster Fehler.

Gute Taten, bei denen wir uns ertappen lassen, schreien zur Hölle.

Auch der dogmatische Unglaube heute kennt schon immer mehr Ketzer.

Wer vergisst Augenblicke, in denen er sich vergessen hat?

Keiner wird gemein durch den Adel, den er erblicken muss,
jeder adelt sich durch die Gemeinheit, die er sehen kann.

Wo Hoffnung keimt, schwindelt dem Abgrund vor dem Himmel.

Gemeinschaft wird zusammengehalten durch Sprengsätze
und aufgelöst durch Banden.

Demokratie keimt, wo der Mensch zerfällt
in neureiche Herren und geistreiche Knechte.

Zoologie berührt die Tiere so wenig wie der Aphorismus seine Leser.

Antichristen feiern Karfreitag nach Ostern.

Die Ersten werden die Verletzten sein,
die Letzten werden weit vorn stehen, an der Front.

Das Licht der Vernunft wird das Licht der Welt
immer eher verdunkeln als spiegeln.

Die Welt steht vor uns wie die Realität vor der „Realität".

Vor Gläubigen gehören Humanisten zu den Barbaren, die sie bekämpfen.

An ihren Schöpfer glauben nur schöpferische Menschen.

Vernunft : kleinster gemeinsamer Nenner zwischen verfeindeten Arten
von Verrückten.

Das Verbot ist eine Vernunft, die nicht an sich glaubt.

Wer ein Problem nicht versteht, löst es.

Ein hohler Kopf enthält nur noch gesunden Menschenverstand.

In jedem liebst du den, den er dir zu sein erlaubt.

Blochs Utopie besiegt eine repressive Realität,
die in seinen Depressionen sich rächte.

Rufe, und du wirst kommen!

Wer eine Sache ans Licht bringt, brachte noch kein Licht in die Sache.

Wir denken zu viel an Kommunikation
und kommunizieren zu wenige Gedanken.

Was aus einer Theorie nicht folgt, verfolgt sie.

Wer nicht nach Rom fährt, fährt deshalb noch nicht nach Nicht-Rom.

Geistigen Untergang erlebt, wer sich in keine Materie versenkt.

Das Brett vorm Kopf ist aus demselben Bau- oder Brennholz wie der Kopf.

Niemand kommt auf eine Idee, die ihm kommt – und umgekehrt.

Eine realisierte Wahrheit wird falsch, eine praktikable Lüge aber wahr.

Platon hielt Philosophen für nomadische Jäger und Sammler,
nicht für sesshafte Ackerbauern und Viehzüchter des Geistes.

Bedient die Lüge sich der Wahrheit, dient das Wahre noch keinem Wahn.

Mit *einem* Satz ins Freie hilft der Aphorismus auf die Sprünge.

Realisiere nichts Kluges, das du erkannt haben willst,
sondern erkenne das Dumme, das du dauernd realisierst.

Imponieren können Spießer bestenfalls als Verbrecher.

Kultur teilt sich in Arme und Reiche,
damit Natur sie nicht in Kluge und Dumme teilt.

Man offenbart sich in Kleidungen und verbirgt sich in Selbstdarstellungen.

Der Lahme glaubt dem, vor dem er wieder sein Knie beugen kann.

Illusionslos kann nur sein, wer sich nicht dafür hält.

Wahrt mein Gesicht und schämt euch, mich zu beschämen!

Glaubt man Gott, ist der Himmel über uns das beste Dach überm Kopf.

Feigheit vor Feind oder Freund begnadigt sich selbst.

Wer mit einem Löwen allein ist, predigt ihm Moral.

Macht Erfahrungen, um keine Erkenntnisse gewinnen zu müssen, u. u. !

Eher macht Liebe unglücklich als Glück beliebt.

Sex : ein bloßer Amor ohne Flügel.

Ein Idyll findet sein Glück im (eigenen Blick-)Winkel.

Warum fühlst du dich getäuscht von dem, der dich ent-täuscht?

Gute Erinnerungen hat allein ein schlechtes Gedächtnis.

Der Kluge findet einen Frieden, den er nicht erst schließen muss.

Schweigen (des Knechts) ist Gold (des Herrn).

Man übt lieber Selbstkritik als Selbsterkenntnis.

Die Lebenserwartung steigt: die Jahre zwischen Hirntod und Todesfall
werden länger.

Ein Kopf, der sich genug eigene Gedanken machte,
hat im Alter sich selbst erschaffen.

Post amorem triste : Auch ohne jeden Koitus ist jeder heute depressiv.

Das Gesetz hat eine Engelsgeduld mit aller Ungeduld mit dem Unrecht.

Dampf machen und Tumult dämpfen

Meinungsfreiheit : Jeder darf alles fernsehen, was gesendet wird.

Ein Gedanke schießt dir durch den Kopf:
ein Kopfschuss bringt dich in Schuss.

Bloße Phantasie ist der einzige Kerker, der größer ist als der Weltraum,
doch schon die kleinste Fliege und der kleinste Fußtritt führt hinaus.

Mach nur Erfahrungen, die dir zeigen,
welche nicht gemacht werden müssen.

Wer gelangt ohne Schwindel auf schwindelerregende Höhen?

Menschen unterscheiden sich sehr, wenigstens von dem,
der sie liebt oder ausbeutet.

Wer nicht weiß, ob das kleinere Übel noch wächst,
wähle das größere Übel, das schon schrumpft.

Künstler wollen lieber verrissen werden, als Kollegen gerühmt zu hören.

Welche Reichen können ihre Tugenden beichten,
ohne unsere Sünden zu beichten?

Improvisationsplan. Jeder muss klug genug sein, die Lebensbedingungen
zu schaffen, an die seine Intelligenz sich anpassen kann.

Wer nichts zu sagen hat, muss nicht stumm sein, doch ein Autor kann
mit vielen Worten sagen, was ihn ganz sprachlos macht.

Gefährliche Leser machen den Buchautor haftbar für ihre Randnotizen.

Große Fische mögen vielleicht Angler, aber keine Würmer.

Mehr Kluge als Dumme kämpfen gegen Klugheit.

Habe eigene Meinungen, aber begründe sie mit öffentlichen Meinungen.

Seit du für klug giltst, darfst du beliebige Dummheiten sagen und machen.

Ein unersetzlicher Mensch kann auch keinen anderen ersetzen.

Wer kein Esel sein will, muss ein Schwein werden oder Fuchs sein.

Gesellschaft heißt, dass jeder jeden davor bewahrt,
weltbewegende Untaten statt kleine Wohltaten zu vollbringen..

Solange dir jeder die Wahrheit sagt, gehörst du noch zur Unterschicht.

Kant traute keiner Erscheinung über den Weg.
Es könnte ja ein „Ding an sich" sein.

Wer in eine kritische Lage kommen kann,
muss noch kein kritisches Denken verraten.

Die Sonne kann sich ausscheinen, der Frost ausklirren,
und auch unbeschriebene Blätter sollten sich ausrascheln dürfen.

Cogito, ergo sum : Mache ich Denkfehler, fehle ich ganz.

Avantgarden sorgen dafür, dass für uns die Zukunft
ungefährlich langweilig wird.

Atheisten : Ungläubige, die fest an das Dogma
von der befleckten Empfängnis glauben.

Seit Freud ist das Kleinkind die Larve,
hinter der sich das fertige Alter zu verstecken liebt.

Wer kann der Realität noch entfliehen, seit sie jede Phantasie übertrifft?

Das Böse ist wertlos, da es nie eine Rarität war,
sondern stets banale Massenware.

109

Seit jeder alles auf sein Hirn schieben kann, fragt er,
wer nun für seinen Kopf verantwortlich ist.

Kein Kopf denkt sich selber aus, doch jeder den des Nachbarn.

Wenn Vulkane ausbrechen und die Erde bebt,
hat die Hölle einen Tag der offenen Tür.

Vernunft nehmen alle an, die volles Verständnis dafür haben,
ihren halben Verstand zu verlieren.

Geschichte machen heißt Vorgeschichte fälschen.

Selbsterkenntnis : Du machst Erfahrungen mit den Lebenserfahrungen,
die mit deinen gemacht werden.

Bei Berührung mit Träumen zerplatzen wirkliche Seifenblasen.

Herren lieben lange Reden und kurze Kommandos.
Knechte sollen sich kurz fassen und doch nicht in Bonmots reden.

Objektiv ist dein Urteil über Mutter Natur,
das weder ihr noch dir schmeichelt.

Ganz vorn kann man nur sein als Triumphator oder Frontschwein.

Wer dich nicht braucht, sieht dich wirklich nicht.
Wen du brauchst, der tut nur so.

Hinter den Theaterkulissen werden auch Stücke gespielt.

Moderne Kommunikation ist der ununterbrechbare Monolog
des Kollektivs.

Du hast den langen, beschwerlichen Weg zum *Guten und Schönen*
hinter dich gebracht, um festzustellen: es ist längst anderswo.

Kann ein Knecht das Unrecht seines Herrn je wiedergutmachen?

Wer würde je selber auf das kommen, woran er glaubt?

Erst kommt die Fresse, dann nie Moral.

Gottes altes und neues Testament erklärt sich und uns Erben für voll zurechnungsfähig.

Kants drei Kritiken: Vorurteile der Theoretiker sind Axiome,
der Praktiker Prinzipien und der Künstler Maximen.

Die Grüne Front erklärt den Naturwissenschaftler
zu den Naturkatastrophen, die er verhüten will.

Schopenhauer hatte eine willenlose Vorstellung vom Unwillen der Welt.

Freier Wille bewilligt, wo unfreier einwilligt, doch wer hat Freiheit, die er nicht gibt, und kann doch eine Freiheit geben, die er selbst gar nicht hat?

Der moderne Homo Faber ist wie ein frischgebackener Bäcker.

Der Dumme schließt von der Dummheit der Welt auf eigene Klugheit,
der Kluge von der Schlauheit der Welt auf seine Verdummung.

Pragmatismus heißt : Der Vorteil macht das Urteil zum Vorurteil.

Sieht der Untertan oder die Obrigkeit in den Spiegel, sind links und rechts vertauscht, nicht oben und unten oder vorn und hinten.

Widerspruch wurde zum kürzesten Weg des geringsten Widerstands.

Die Liebe kommt von der Libido, das Leben von der Vitalität und die Rente von der Rentabilität.

Greise besiegen Todesangst durch Demenz.

Wähler verbeugen sich vor Regenten, die ihnen Beifall spenden.

Kleine Schritte vom Lächerlichen zum Erhabenen

Staatsdiener haben Formulare auch für unsittliche Anträge.

Manche Sünden büßen durch neue.

Aufklärung light : Die Maxime, jederzeit (an sich) selbst zu denken.

Man macht Geschichte, die man schreibt : Große Taten sind gute Werke, die man besser tut, indem man sie schreibt.

Der Mensch beherrscht wie jedes Tier die Natur, indem er sich von seiner Naturbeherrschungsart beherrschen lässt.

Handlungen sind Formen der Unfähigkeit, den Kampf ums Dasein durch bloße Anpassung zu überleben.

Ewige Naturgesetze sind Gottes Gewohnheiten.

Nie sind zwei Leute so verschieden wie Affe und Mensch, nie so gleich wie Affe und Affe.

Geist überredet, Macht überzeugt, Recht überführt, Unrecht überfährt, und Gefühl überkommt.

Herren predigen Sklavenmoral, Knechte tragen Herrenmoden, und Revolutionen heute sind misslungene Reaktionen auf missglückte Reaktionen.

Lyriker sind Künstler, die Katastrophen zu Strophen verkleinern können.

Informieren besteht in Formieren.

Enthauptete Hirnforscher behaupten, dass das Gehirn hauptsächlich seine Macht und keine Wahrheiten behauptet.

Zu tun gibt es viel und hast du damit nichts.

Die meiste Kritik und Panegyrik verträgt, wer sie nicht verdient.

„Der Krieg ist der Vater aller Dinge" (auch des Geldes, da es erhoffte Kriegsbeute vorfinanziert), aber wer ist dann der Vater des Krieges?

Eine Maschine ist zu bedienen wie ihr Besitzer
und der Besitzer wie eine Maschine.

Schadenfreude gilt als einziges Heilmittel gegen Neid,
und Neid auf Beneidenswertes schuf Recht und Gesetz.

Ein Bombenerfolg von Mordskerlen ist im Schlachtfest ein Mordsspaß.

Ewige Wahrheiten langweilen uns mehr als das ewige Leben.

Was bergab geht, ist wenigstens schon über den Berg.

Weißt du Bescheid, welche Bescheidenheit eine Form von Arroganz ist
und wieviel Hochmut nur nicht mit Demut angeben will?

Wer Arbeiter beschäftigt, will Mitarbeiter sein,
wenn er Beschäftigte bearbeitet.

Ein brummender Schädel ist noch kein zerbrochener Kopf
oder gebeugtes Haupt.

Verwegenste Eroberungen enden bald in ängstlichsten Routinen und kühnste Entdeckungen sind oft vorsichtigsten Feiglingen vorbehalten.

Neue Erkenntnisse verdrängen alte Irrtümer *und* Erkenntnisse.

Sage mir deine Hoffnungen und ich sage dir,
welche Erinnerungen du gern hättest.

Was ich abschätzen will, trifft mein abschätziger Blick.

Geschichtsschreibung heißt auch,
das Ungeschehene ungeschehen zu machen.

Die geringste Furcht vor dicken Büchern hat, wer nicht mehr Angst
vor dem Tod als vor dem Leben hat.

Die Zehn Gebote stammen nicht vom Teufel,
um Sünden verführerischer zu machen.

Das Gewissen kommt von Gottvater, das Über-Ich von Landesvätern.

Schadenfreude ist auch gefällig und Hilfsbereitschaft hämisch.

Betuchte nagen lieber am Bildungshungertuch als am Machthungertuch.

Wer in seiner Jugend für Idealismus zu schlau war,
bleibt für Altersweisheit zu dumm.

Ein kluger Kopf ist geistesabwesend und geistesgegenwärtig zugleich.

Der Mensch macht keine Natur- und Sittengesetze,
Mutter Natur keine Straf- und Sozialgesetze.

Gib keine Meinung von dir, ohne eine bessere einzuhandeln.

Gutes Aussehen genießt hohes Ansehen
und hat schlechte Aussicht auf tiefe Einsicht.

Weder Platos Idee noch Kants *Ding an sich* erreicht unsere glänzendsten
Erscheinungen.

Meine Vorstellung verfehlt das Ding, das seine Idee verfehlt, nicht meine.

Wer kommt einem Original näher als der Fälscher?

Konsens hat, wer sich nicht wehren kann.
Konflikt hat, wer dasselbe will wie andere.

Ein guter Wille zu guten Werken ist das Beste in der Ethik,
nicht in der Ästhetik.

Gebet : Gib mir nicht alles, was ich will. Nimm mir, dass ich es will.

Freiheit ist die Fähigkeit, sich ein schlechtes Gewissen zu machen.

Ein Buch sollte nicht viel mehr Seiten haben als die Dinge,
von denen es handelt.

Hoch über deinem Haupt beginnen erst die Tiefen des Alls,
aber deshalb nicht das Himmelhoch unter deinen Füßen.

Im Lustbeben sind wir dem Heiligen ferner als im Erdbeben.

Dein Hirn bringt die Motive für deine Handlungen hervor,
dein guter Wille das Motiv für diese Motive.

Nicht der Kopf geht zu Grunde an der Welt, der er auf den Grund geht.

Zwischen Unterleib und Oberstübchen trennt und vermittelt
ein Herzklopfen, das beide Sprücheklopfer nicht kennen.

Gesellschaft ist etwas, in dem bestenfalls außer nützlichen
und praktischen Handlungen nichts passiert.

Wer liebt seine Gönner mehr als seine Feinde?

Das Licht der Welt offenbart sich verkleidet im Gewicht, das Wichtige im
Nichtigen, das Notwendige im Unmöglichen, das Heilsame im Nutzlosen,
der Ernstfall im Abfall.

Damit auch nur das Geringste passiert, muss immer zu viel passieren,
und damit nichts ungetan bleibt, darf gar nichts getan werden.

Ihre Terribilitäten, die Lehrer, unterscheiden sich auch darin,
was sie guten oder schlechten Schülern zu (ver)bieten haben.

Der Feigling zeichnet sich aus durch den Mut,
der Schlaukopf durch die Klugheit seiner Sklaven.

Durchblicker sind durchsichtig, doch Durchschaute durchschauen nichts.

Einst gaben sich menschliche Raubtiere gern als harmlose Haustiere.
Heute fühlen sich menschliche Schoßtiere geschmeichelt, nennt man sie
geheime Raubtiere.

Auch der Freie ist gefesselt von seinen Entscheidungen
und verfolgt von ihren Folgen.

Was Unverständigen die Erfahrung sagen muss,
sagt Unerfahrenen selten der Verstand.

Wer kommt, geht noch nicht auf dich zu,
und wer stehenbleibt, ist noch nicht standhaft.

Freiheit lähmt, Befreiung belebt, und Freien bindet.

Macht Gott sich schwach wie Christus,
glaubt der Christ, er sei mächtig wie Gott.

Die Mehrheit wird eher von Idealisten materiell
als von Materialisten ideell versorgt.

Könnte Gott, das einzige Wesen, dessen Existenz seinen Inbegriff nicht
einschließt, denn mehr Macht über uns haben, wenn er objektiv existierte?

Privates Gewissen leiht sich die Gewissheiten der öffentlichen Meinung.

Gott schafft immer neue Menschen und Tiere aus der Welt, die er schuf.

Am Schluss kommt schließlich der logische Schluss, das vollendete Ende,
der Nachschlüssel zum Luftschloss.

Der Aphorismus ist oder hat verspielt. Macht der einsame Einfall gesellig
oder allgemeingültig gegen die Allgemeinheit?

Bei Sprüchen denkt man das Wichtige hinzu,
bei Büchern das Unwichtige weg.

Im Anfang war der Schnappschluss in Spruchkammern

Religion ist die einzige Fernlenkwaffe,
die Sicherheit durch Ohnmacht verspricht.

Links ist der Glaube, etwas zum ersten Mal tun zu können,
rechts der Glaube, nichts zum letzten Mal tun zu müssen.

Bindungsunfähige legen großen Wert darauf, loslassen zu können,
wovon sie sich gar nicht erst anfassen lassen.

Gesellschaft macht Einsamkeit zum Obdachschaden.

Der Geist hatte lange genug den einzigen Zweck, unsere materielle
Existenz zu sichern. Nun hätte das Materielle den einzigen Zweck,
eine geistige Existenz zu ermöglichen.

Nadelkissen für Ruhekissen. Eher löst sich ein Mensch auf
in seine Bestandteile als ein Welträtsel in Wohlgefallen.

Vielleicht sind wir von Affen geschaffen, aber inzwischen abgenabelt und
pubertieren gegen die Ureltern, indem wir Überaffen in die Welt setzen.

Der Täter bereut, sich über seinen Vorteil getäuscht zu haben.

Die Industrie schafft immer neue lächerliche Bedürfnisse, um keine
zweckfreien Kulturbedürfnisse wecken und den bescheidenen Bedarf
geistiger Existenz decken zu müssen.

Denken ist die Angewohnheit, von nichts Außergewöhnlichem entwöhnt
zu werden.

Bis heute haben alle Hochkulturen den Menschen ans Lebensziel lebens-
langer zweckfremder Lebensmittelbeschaffungsmaßnahmen gekettet.

Die Religion verheißt Reichen, sie seien arme Sünder,
und armen Teufeln, sie hätten das Himmelreich in der Tasche.

Nur glattpolierte Gedanken spiegeln die rohen Dinge.

Romantik, poetische Einbildungskraft plus philosophische Urteilskraft, will bestimmen, warum etwas unbestimmbar ist, und gibt Rechenschaft, warum es kein Rechner schafft.

Aphoristiker sind Kommandanten der Literatur, sie schleifen Sentenzen statt Menschen.

Der Tod, der sich an uns vergeht, ist Vergänglichkeit in ihrer unvergänglichsten Form.

Ursprünglich machte der alte Adam sich mehr aus dem Paradies. Danach machte er sich neue Produkte daraus.

Götter unterscheiden sich von uns dadurch, dass sie sich von uns unterscheiden.

Überich: Keine Pflicht ist erfüllbar, ohne eine gleichwichtige zu verletzen.

Klugheit gibt bessere Antworten, Torheit stellt bessere Fragen.

Einst schuf bescheidener Geist materiellen Wohlstand, und einst sollte materielle Bescheidenheit geistigen Reichtum schaffen.

Freiheit von vielem kann gescheite Ersatzbefriedigung werden für gescheiterte Macht über alles.

Man fühlt sich frei, um seine Vorzüge keinen Vorfahren zu verdanken, aber allen Nachkommen weiterzugeben.

Mein Eindruck von euch drückt meinen Geruch aus, den ich an euch feststelle.

Der Skeptiker wird verehrt, weil er sich vor Konsequenzen fester Gewissheiten drückt.

Der Bessere ist ärmer als ich, der Erfolgreichere schlechter als ich.

Ewig wird unsere Ruhe gestört durch Gedanken an die ewige Ruhe.

Wer Anteil nimmt an mir, nimmt sich seinen und meinen Anteil.

Wissenschaft macht Fakten solange zu Beispielen von Theorien,
bis diese Theorien als Musterbeispiele für Tatsachen gelten.

Schön wirkt alle Selbstbegrenzung monströser Unförmigkeiten.

Moral : Es kann dir von Vorteil sein, nicht auf Vorteil zu sehen.

Schicksal – eher Folge deines Ungeschicks
als Erfolg deiner Geschicklichkeit.

Wer ganz natürlich lebt, scheut einfach die Mühe, ein kultiviertes Wesen
zu werden.

Arroganz : Bescheidenheit, die jedem unter die Nase gerieben wird.
Bescheidenheit : Arroganz, die keinem unter die Nase gerieben wird.

Leute mit dem kleinsten Gesichtskreis haben den größten Bekanntenkreis

Das Beste an einem Aphorismus ist, dass man ohne ihn besser lebt.

Es gibt Forscher, die nicht mehr mit dem Hirn denken,
sondern denen es zu denken gibt.

Wer mit seinem Beruf verheiratet ist,
betrügt mit ihm nicht sein Steckenpferd.

Fürchte dich ruhig zu Tode,
Todesangst war schon vielen ein Wiederbelebungsmittel.

Ein gnädiger Gott wird oft der Rechtsbeugung bezichtigt.
Erhörte er jedes Gebet, käme er als Mensch auf lebenslängliche Haft.

Geltungsbedürfnis gilt als das Vergeltungsbedürfnis, das es provoziert.
Allein Monogamie braucht Liebe, ohne Eitelkeit zu vereiteln.

Die Brandung löscht den Brand, und verbieten heißt so viel wie gebieten.

Für die Sünden der Söhne wurden die Urgroßväter belohnt – u. u.

Am wirksamsten tritt man aus einer Partei aus, indem man ihr Chef wird.

Vordergründig ist ein Abgrund der Hintergrund des Untergrunds.
Man fällt oft in ein tiefes Loch, ohne es ausfüllen zu können.
Es passen noch mehr Leute hinein.

Was der Mensch als erstes in seinem kurzen Leben findet, ist die Wahrheit, dass er versuchen soll, sie nicht lange und lange nicht zu suchen.

Aphorismen sind gründlich negativ. Das Positive steht in Grundbüchern.

Die Welt will betrogen sein. Sie hat aber das Recht,
dass man ihr nicht ihren Willen lässt.

Früh krümmt sich, was ein Weltraum werden will, vor Lachen.

Uneins sind alle Wesen außer eins.

Wer fällt, gefällt.

Gefolgschaft folgt aus Verfolgern.

Fällt dir nichts auf und ein, fällst du nicht auf und rein.

Republik : Die Mehrheit soll Minderheiten tolerieren,
von denen sie nicht toleriert wird.

Jugend ist unschlüssig, ob Schlüsse zu ziehen
oder Entschlüsse zu fassen sind.

Fortschritt : Immer mehr Einbildungskraft, Willenskraft, Arbeitskraft,
Todesurteilskraft.

Chaos und Ordnung sind nur Ziele unterschiedlicher Unvermögen in uns.

Was dir gefallen muss, um dich zu überzeugen, ist nicht das Argument, sondern der, der es gebraucht.

Eigenliebe ist beliebt, obwohl jeder sich selbst den Kopf verdreht.

Der Fortschritt sucht immer mehr Beschleunigungen und Richtungen als Ziele, wo er endlich aufhören kann.

Naturforscher trennt von Naturfreunden, dass sie lieber durch Mikroskope als durch Schlüssellöcher schauen.

Übermut oder Hochmut kann dem Feigen als Feigenblatt dienen.

Die Gesellschaft wird zusammengehalten durch unsere Schwächen (für Schwächen anderer) wie gefährdet durch unsere Stärken.

Die geistige Armutsgrenze liegt kaum beim materiellen Existenzmaximum.

Eher werden Faulpelze arbeitsunfähig geschrieben als Arbeitslose mußefähig.

Der Aphorismus spricht lieber kurz über alles als lange über gar nichts.

In Diskussionen überzeugt, wer mit dem Kopf durch den Einwand rennt.

Könnte man Erfahrungen *machen*, würde man nie etwas er-fahren. Wer erfährt, was ihn nicht überfährt, und was geht mir unter die Haut, aus der ich fahre?

Der gute Mensch besteht auf Güter und aus Gütern, eine Mischung aus Schicksalskunst und Lebensgunst.

Schreibt der Schöpfer das Lebenswerk, die Bücher eines Autors, ins Buch des Lebens?

Unwegsame Itinerarien : *Deute, worauf ich deute*

Wer sich Sorgen macht, macht sich Gedanken, ohne an Denker zu
denken : Nach Heidegger kann keiner nichts tun, ohne das Nichts zu tun
und Tat-Sachen zu vernichten.

Die Kirche erinnert uns stets an die Sünden und guten Werke,
die sie uns vergeben hat.

Vernunft gilt als intelligenteste Art von Angst.

Im Alter wird das Leben zur Frage, ob der Tod der Endpunkt ist
oder ein Enddoppelpunkt.

Der gewöhnliche Geist ist mit viel Körper,
der anmutige Leib mit viel Seele bekleidet.

Mancher erfindet die Wahrheit, wo er die Falschheit entdeckt.

Von innen und außen: Der Mensch zerfällt in das, wie er sich vor anderen
fühlt, und das, wie er sich für andere anfühlt.

Der Philosoph fasst unsere Tomaten auf den Augen ins Auge,
nicht seine Bohnen in den Ohren.

Ein neuer Kopf in der Welt bedeutet selten eine frische Welt im Kopf

Sozialismus mit einem Schuß Kapitalismus macht Diktatur erst rentabel;
Kapitalismus mit einem Schuß Sozialismus macht Demokratie unrentabel.

Der Himmel ist so gnädig, unser Verdienst anzuerkennen,
und jeder dafür verantwortlich, Gnade fehlen zu sehen.

Aphoristiker versteht, wer jedes Wort versteht, das sie nicht sagen.

Fast jeder Mensch denkt besser von sich als vom Menschen.

Reiche sind fähiger, keinen Gott zu haben als nur einen einzigen für alle.

Christentum : Gott kann alles, aber als Mensch alles besser?

Hat schon Geist, wer mit Schlagfertigen fertig wird, ohne zuzuschlagen?

Beim Meinungsaustausch vergleichen wir die Inhalte unserer abonnierten Zeitungen.

Keiner will sein dummes Gesicht wahren, wenn er Kluges hören muss.

Kapital macht mit den vielen Armen bessere Geschäfte
als mit den wenigen Reichen.

Man ist nicht klug genug, seine geisteskranke Dummheit zu sehen, doch nicht dumm genug, seinen gesunden Menschenverstand zu übersehen.

Finanzexperten sind am Geldmachen nicht durch Erwerbsarbeit gehindert.

Der Mathematiker ist schon im Unendlichen,
wenn er etwas null mal in keine Teile teilt.

Das Schönheitsideal hält weibliche Kurven für ungesunde Fettpolster o. u.

Du bist übergewichtig, wenn du doppelt so groß sein musst,
um damit untergewichtig zu sein.

Der Philosoph kommt aus dem Staunen nie heraus,
in das der Sophist nie hineinkommt.

Die Rede, in die ich mich hülle, ist das undurchsichtigere Schweigen.

Wo die Freude anfängt, hört der Spaß auf.

Strafe : Je mehr einer lügt, desto unsicherer wird er, ob er belogen wird.

Philosophie ist ein gelöstes Sprechen über Probleme, die durch Sprechen zu lösen sind. Schon Miteinandersprechen macht sie unlösbarer.

Wer weniger handelt und mehr verhandelt,
wird auch nicht besser behandelt.

Eine kleine Bosheit ist noch keine große Güte,
doch eine große Wahrheit immer ein kleinerer Irrtum.

Steckt der Teufel im Detail, muss der Herrgott nicht in den Grundsätzen
stecken.

Hirnforscher untersuchen auch das Gedächtnis, können sich aber eher
den Allerwertesten als den Kopf aus dem Kopf schlagen.

Man kann durch Schaden klug werden
und durch Klugheit wieder Schaden nehmen.

Der Ölzweig in der Faust des Pazifisten will ABC-Waffen übertreffen.

Können Frauen die männlichen Privilegien abschaffen,
ohne ihre eigenen zu opfern?

Einen Rechtsbruch riskiert, wer zu lange auf sein Recht pocht.

Mitbestimmung im Beruf : Selbstbestimmung als Selbstausbeutung.

Die meisten Leben werden durch Entzündungen ausgelöscht,
der meiste Streit entzündet sich an seelischer Kälte.

Die Ersten werden die Letzten sein, die die Hunde beißen.

Als Adam und Eva Gottes Schöpfung sahen, sagten sie: „Es ist alles sehr
gut – zu verbessern."   Als sie ihre eigene Welt geschaffen hatten, sagten
sie: „Wir sind sehr gut."

Wer der Jugend ihre Weisheit neidet, missgönnt auch Greisen ihre Kraft.

Ein ausgefallener Strom schwimmt auch nicht gegen sich.

Solange es bergauf geht, ist man noch nicht über den Berg.

Arme Sünder wurden arme Teufel,
die nun in Arme und Teufel heruntergebrochen sind.

Wer nicht mit beiden Beinen auf der Erde bleibt,
ist aufgestiegen oder geflogen.

Ein Gedanke ist zu Ende gedacht,
solange er nicht praktiziert zu werden beginnt.

Man spricht von Entschlusskraft, nicht von Schlusskraft. Urteilskraft ist
wohl aussagekräftig, hat aber ohne Willenskraft wenig Beweiskraft.

Hirnforscher konnten im CT jetzt unsere Gedankenlosigkeit lesen.

Eine Diktatur ist ein Versuch, ein Land von Kriminellen zu befreien,
indem man sie in die Regierungsgebäude steckt.

Der Baum der Erkenntnis wurzelt im Erdreich des Gottesreiches
und in keinem Weltreich.

Warum kann keine Freude sich den Menschen aussuchen, den sie überwältigen, keine Angst den Unmenschen, den sie packen will?

Bewältigung der Vergangenheit will die Vergangenheit der Bewältigung.

Jahre der geschlossenen Anstalt verbergen sich hinter einem Tag
der offenen Tür.

Wer sich einer Sache bedient, beherrscht ihre Ursache.

Probleme werden nicht mehr gelöst, sondern vergehen durch notwendige
Erklärungen ihres unnötigen Entstehens.

Glück hat oft, wer es verachtet, und selten Pech, wer es mir wünscht.

In Gesellschaft muss man sich gehen lassen, ohne gehen zu dürfen.

Beschädigt eine gute Idee die Realität, profitieren beide.

Wege sind die letzten Chancen, vor unseren Zielen umzukehren.

Die meisten wollen für das Geld mehr tun, als es für sie tun kann.

Erkenn dich mit den Augen dessen, was du erkannt hast.

Menschen erkennen und anerkennen ist meist erkennbar unvereinbar.

Adam liebt oder erkennt Eva, je nachdem, ob er ein Auge auf sie wirft
oder einen Blick.

Auf den Weg und zur Strecke gebracht. Fortschritt herrscht, wo keiner
seinem eigenen Wachstum gewachsen ist und ihm doch nicht entwächst.

Wer sich beherrschen kann, will zeigen, dass er nicht beherrscht wird.

Durch Lob und Preis werden mehr Talente als Unvermögen zerstört.

Beneide jeden eher um das Schlimme, das er nicht hat,
als um das Schöne, das er hat.

Das Schuldigsein und Gefangensein bestimmt kein Unrechtsbewusstsein.

Freie Menschen werden nicht mehr gehandelt auf dem Sklavenmarkt,
sondern auf dem freien Arbeitsmarkt.

Computer arbeiten mit Originalitäts-, Simulations- und Selbstsimulationen.

Verliert jeder sein Leben, weil er es nicht wiederfinden
oder das Spiel nicht gewinnen kann?

Du hilfst nicht, weil dir geholfen wurde,
sondern damit dir öfter weitergeholfen wird.

Man wird nicht ermordet,
weil man gemordet hat und damit das Morden aufhört.

Gott : ewige Vermutung, dass es das All gibt und sonst nichts – als ihn.

Utopisch wäre schon die Erkenntnis, dass die ganze Weltgeschichte als ewiger Kampf um Materielles menschenunwürdig albern war.

Die Menschheit hat immer nur teuerste Mittel für billigste Zwecke gebilligt.

Der beste Kabarettist ist die Selbsterkenntnis.

Sturmvögel lachen über Gipfelstürmer.

Moral : Ich müsste wohl eigentlich, doch ich muss gar nicht.

Wer der Wahrheit wehren will, warnt vor der Lüge – und umgekehrt.

Jeder spricht gern davon, dass er nicht gern von seinen Verdiensten spricht.

Freiheit lässt sich durchaus in Zwangsatome zerlegen, Gerechtigkeit in Unrechtsquanten und die ganze Wahrheit ganz in Molekularlügen.

Wer sich beirren lässt, ist kaum zu beeinflussen.

Unbekannter als Namenlose bleiben den meisten die Gründe
für den Ruhm der Großen.

Seit in Naturgesetzen nicht mehr Gottes Spielregeln erkannt werden,
kann keiner mehr das Spiel abbrechen oder auch nur unterbrechen.

Fälle ein Urteil über mich, und es verurteilt dich dazu, mich zu verurteilen.
Du erfüllst das Gesetz und erfährst, wie unerwünscht
dir deine Wunscherfüllungen wären.

Du musst dich an mir versündigen, aber mich dafür nicht bestrafen.

Wer Pläne schmiedet, bestimmt noch nicht über die Zukunft,
doch wer sich nicht erinnert, ist schon vergangen und vergessen.

Dialektisch denkt, wer sich widerspricht und doch nicht widerlegt.

Vakuumfluktuationen, auf Berg- und Speerspitze getrieben

Wissenschaftstheoretisch ist die Gottesidee nicht mehr als eine bloße Hypothese, mehr als eine bloße Hypothese zu sein.

Niemand hat guten Geschmack,
bei dem der Leib schlecht zu seiner Seele passt.

Philosophie entsteht auch, wenn der menschliche Kopf zum Gegner seines eigenen Inhalts wird und seinen Feind lieben soll.

Keiner steht im Schatten, den er wirft,
und wer im Schatten steht, der wirft keinen.

Der Spießer steckt seinen Kopf in den Sand, um sich zu verstecken, und der Engagierte steckt meinen Kopf in den Sand, den er ins Getriebe wirft.

Theorie & Praxis : Wer *über* Menschen nachdenkt, will *mit* ihnen handeln.

Existenzgewinner werden den Existenzkampf nie abschaffen.

Obiter dicta, causa victa. Der Bürger bezahlt Fitnesscenter und Putzfrau, statt sein Haus kostenlos selbst aufzuräumen.

Ein Glücks- und Hamsterrad rollt geradeaus, weil es ein krummes Ding ist.

Otium doctum. Wer von seiner Arbeit leben kann, ist nicht geistig tätig.

Man(cher) muss sich verstellen, um nicht verkannt zu werden,
oder wird bloßgestellt, damit er sich nicht offenbaren kann.

Die letzte Kluft zwischen Sein und Bewusstsein, Sache und Sprache, liegt im Abgrund zwischen göttlicher und menschlicher Schöpfung, aber unser Bewusstsein kann überhaupt nur etwas erkennen von einem Sein, dem es selber evolutionär entstammt.

Wie hängen begriffliche Zusammenhänge zwischen Erfahrungen mit empirischen Zusammenhängen zwischen Begriffen zusammen?

Wissenschaft spricht objektiv über Objekte, Philosophie subjektiv und objektiv über Subjekte, Literatur subjektiv über Subjekte und Objekte.

Was Gott und die Welt und den Menschen verbindet, ist kein Begriff, sondern ein Witz bei der Ursache.

Lebt verkehrt, wer mit keinem verkehrt und nicht riskiert wird?

Aphoristiker geben keine Denkanstöße und regen nicht zum Nachdenken an, sondern denken nach und überführen uns der Gedankenlosigkeit.

Aphorismen sollten nicht erst beachtet werden, wenn sie schon Sprichwörter geworden sind, und Sprichwörter werden schon verachtet, wenn sie noch Aphorismen sind.

Der schneidende Aphorismus unterbricht keine logischen Schlussketten, sondern das unablässige Brabbeln in uns und um uns herum.

Theologie beruht nicht darauf, dass die Unbeweisbarkeit der Existenz Gottes so wenig bewiesen ist wie die Beweisbarkeit seiner Nichtexistenz.

„Klarheit" bleibt meist dunkel, das „Fremdwort" ist keins und „das Weib" ursächlich.

Der gute Mensch ist böse – auf sich, weil er nicht besser ist.

Die verarmen, umarmen sich nicht.

Die Jagd darf nicht mehr Kraft kosten, als die Beute gibt.

Aufgeklärte glauben nur noch, was sie mit eigenen Augen fernsehen.

Oft differenziert man nur, um eine Wahrheit zu verwässern.

Im 20. Jahrhundert waren zu viele Terroropfer selber Terroristen.

Du bist tief ergriffen. – Wurde ein Täter ergriffen?

Herme(neu)tisch. Sind Dichter Spielkälber und Denker untätige Untäter?

Es handelt nicht schon besser, wer mehr Gutes tut.

Ist es denn Sünde, dass nur Sünder über Sünder müssen richten dürfen?

Zähl dich zu den bedrohten Arten und Unarten, und du bist mehr wert.

Wer nichts sieht, muss lesen, doch wer weniger liest,
sieht deshalb nicht mehr.

Goldkettchen oder Eisenketten? Bei Gedankenfreiheit ist man so frei, an
Gedankenlosigkeit zu denken, und bewirbt sich lieber um Gewerbefreiheit.

Im Witz fällt ein Individuum unter einen Begriff, dem es widerspricht,
indem es einen anderen Begriff sprengt, dem es entspricht.

Ein Diktator ist ein Mensch, dessen Niederlage nur möglich wird
durch Niederwerfung des Landes, das er beherrscht.

Man macht Leute miteinander bekannt, die sich selbst nicht mehr kennen.

Der Mensch ist der Weg vom Affen zur Maschine.
Suche im Netz, und es findet dich.

Es war viel Intelligenz nötig, um Maschinen zu entwickeln, die sie über-
flüssig machen. Den Computer zu programmieren, kostet mehr Klugheit,
als er Benutzern verschafft.

Erst wollten wir Maschinen entwickeln, die wie Menschen denken, dabei
entwickelten wir Menschen, die miteinander rechnen wie Computer.

Offline analog zu sein, wird immer schwerer gemacht,
doch sucht mehr Un**google**bares!

Nützlich ist der Computer für Herdentiere, die für ihn berechenbar sind.

Nicht alles ist durch Rechner simulierbar. Aber das zählt dann auch nicht.

Ich komme zu gar nichts mehr, denn um zu wissen, welches Wissen ich nicht brauche, muß ich es erst wissen und dann schnell wieder vergessen.

Computer erfassen jetzt Weltbibliotheken, damit wir die nie mehr lesen.

Deine Vernunft nimmt nicht für wahr, was sie wahrnimmt,
sondern meiner Vernehmung entnimmt.

Dein Kurzzeitgedächtnis umfasst keine Handvoll Dinge,
das Langzeitgedächtnis nur die ganze Kindheit.

Computer verstehen keine Aphorismen, aber sich auf Systemtheorien.

Nicht jeder, der ganz klein gemacht wird, kann danach besser wachsen.

Freibeute. Wer lange aus seinem Gefängnis herausschauen musste,
schaut die restlichen Jahre hinein.

Und schon wieder einmal hat ein neues Querdenken
überall gemeinplatzgegriffen.

Schon wieder etwas, das „zum Denken anregt"!
Nur schade, dass man dann von diesen Gedanken nie etwas hört.

Eine Hand wäscht die, die ein anderer ihr gibt.

Wer ganz frei wäre, die Wahrheit und Gerechtigkeit zu suchen,
würde sie nie finden.

Nur Sieger in Kriegen können mehr kriegen.

Allein Gebildete sind bildungshungrig.

Mach´s gut, mein Lieber – aber nicht besser als ich.

Wer anders ist als andere, muss noch nichts sein.

Über Sex redet man so viel, nicht seit man mehr darf,
sondern seit man weniger kann.

Ein Mensch braucht viele Meinungen, um sich nicht zu wiederholen,
doch eine Meinung nicht viele Menschen, die sie wiederholen.

Erst der Himmel macht uns die Hölle heiß
und scheint nie so schön wie in der Hölle.

Hunde bauen einander keine Hundezwinger.

In die Arme sinkt man dem Engel und fliegt man dem Teufel.

Kein Mut ohne Unmut und Übermut, doch kleinmütig ist nicht demütig.

Wer mir zu weit geht, bleibt mir nicht weit genug von meinen Heiligtümern.

Empfindlichkeit klagt über die ihrer Opfer.

Gemythlich. Keiner fürchtet den Tod mehr, als wer das Leben fürchtet.

An mir rügst du deine Schwächen, nun rühm auch an dir meine Stärken.

Schlechtere Menschen sind bekannt als die besseren Menschenkenner.

Geliebt wird nicht der Liebenswürdige, liebenswert wird der Geliebte.

Obwohl nur der Christus in Jesus uns hilft,
sehen wir lieber den Jesus in Christus.

Biographien bestehen heute nur noch aus Photographien.

Seltener Mut schadet mehr als dauernde Feigheit.
.
Wenn ich Lautsprechern nur halb so oft widerspräche wie mir selbst!

Das Volk geht nicht in Ketten mehr, nicht mehr in Lumpen,
doch eher in Brokat als Bibliotheken.

Wer behält, was er über den Wissensdurst trinkt?
Er ertrinkt in dem, was er trinkt.

Ein Philosoph geht der Welt auf den Grund, ohne zu Grunde zu gehen.
Wer allen Grund hat, sie zu Grunde zu richten, begründet das zu gründlich, und sie lässt uns untergehen, aber ihr nur auf den Abgrund kommen.

Menschenrechte helfen nicht gegen Religion; Religion hilft gegen Materia-
lismus und Relativismus, nicht gegen Demokratie und Pluralismus.

Philosophie gibt es seit 2500 Jahren, weil kein Gedanke zu Ende gedacht
ist und, ob er zu Ende gedacht, nicht zu Ende geprüft.

Kant verging sich nicht am Idealisten, als er sein *Ding an sich* drehte.

Wer mir den Kopf wäscht, macht mir nicht den Mund wässerig.

Der Untaten sind genug gesehen,
lasst uns endlich auch Gedanken wechseln!

Entstammt das Buch der Natur und das Buch des Lebens
dem Baum der Erkenntnis oder dem Baum des Lebens ?

Wer uns mit Darwin für Ex-Affen hält, hält es für leichter,
ein glückliches Tier als ein geglückter Mensch zu sein.

Ein guter Mann schützt uns mehr vor sich als sich vor Schutzsuchenden.

Vor Heidegger war das Nichts gar nicht der Rede wert: „Das ist alles –
sonst nichts." Er schuf die Welt aus seinem Nichts wie der Physiker
aus Vakuumfluktuationen.

Wer dir Knüppel zwischen die Beine wirft, hält dir keinen Spiegel vor.

Dass Fortschritt nicht ins Haus eingetreten ist, ohne die Tür einzutreten,
ist eingetreten.

Jeder spricht allzu gern von seinem Verdienst,
nicht gern von eigenen Verdiensten zu sprechen.

Kontrolliertes Aufgeben der Selbstkontrolle soll Glück bringen.

Zücht(ig)ung. Wer Opfer ist, muss nicht aufhören, Opfer zu haben,
aber wer sie hat, hört auf, Opfer zu sein.

Man hofft das Beste, indem man Gutes für Besseres opfert.

Seit einem halben Jahrtausend nur noch produktives Arbeitsleben und
reproduktives Familienleben – ohne Höheres: ohne asketisches Ordens-
leben, feudales Heldenleben, öffentliches Gemeindeleben und theoreti-
sches Gelehrtenleben.

Symbol: das Ganze ist ein Teil eines seiner Teile, doch beides nicht eins.

Man fürchtet heute lieber die ewige Sinnlosigkeit,
um nicht die ewige Verdammnis fürchten zu müssen.

Abstraktes Denken braucht konkrete Dinge,
konkretes Handeln aber abstrakte Begriffe.

Man kann etwas, der ein Ritual ständig stört ins Ritual einbauen, doch
auch das Totem, das Dämonen bannt, schließlich als Dämon zerstören.

Be- und Verendetes ohne Ende – warum nicht einmal Unendliches?
Ewig nur immer das Zeitliche segnen – warum nicht auch mal Ewiges?

Was von uns stirbt, fürchtet keinen Tod.

Wer Nöte beheben kann, muss Öde beleben.

Freiheit kann ebenso Gnade wie Unzurechnungsfähigkeit sein,
und auf Gnade zu erkennen, ein Verdienst oder ein Unvermögen sein.

Mancher ist verdammt durch seine Gaben und erlöst durch seine Fehler.

Herzensgute Maximen, lebenswahre Reflexionen

Marionetten hängen an den Drähten, an denen sie hängen.

Wer in anderen ganz aufgeht, geht oft unter wie ein Boot
und nicht auf wie eine Blume oder Rechnung.

Mein Gewissen spricht nicht mit meiner Stimme.

Man sieht den Himmel, nicht die Hölle.
Den Himmel nicht zu sehen, ist die Hölle.

Gute Kunst täuscht wie die Lüge, schlechte enttäuscht wie die Realität.

Wer vorlieb nehmen muss, hasst.

Glaube ich den Hirnforschern, denkt mein Kopf, dass ich denke.

Schlau ist, wem Klugheit nützt.

Wer nehmen will, sagt, er hat nichts. Wer geben soll, sagt, er hat nichts.
Wer gesund ist, sagt, er hat nichts. Und will doch kein Habenichts sein.

Wertvoll an mir ist nicht, was ich mir sparen konnte.
Was du dir sparst, wird dir selten erspart.

Wer dich im Leben übertrifft, trifft dich ins Herz.

Was gut geht, ist eine Ware, die sich gut verkauft.
Und der Konsument bezahlt mit dem, was er in Kauf nimmt.

Hirnforscher haben die Zwangsneurose, keinen freien Willen zu haben,
und diagnostizieren als Zwangsneurose, freien Willen haben zu wollen.

Die Wissenschaft kann jeden traditionellen Sinn abschaffen,
doch keinen eigenen erschaffen.

Häupter spielen die Hauptrollen vor allem, wenn sie rollen sollen.

Die Ruderbank sitzt nie am Ruder.

Pessimisten erwarten Gerechtigkeit, Optimisten Schuldennachlass.

Friede und Freiheit erfreuen weniger, als ihr Fehlen schmerzt.

Man lässt Menschen und Autos warten.

In den Weg gelegte Steine weisen ihn dir.

Das Wissen der Menschheit verdoppelt sich in jedem Jahrzehnt.
Mein Unwissen auch.

Arbeiter der Faust zeigen *Arbeitern der Stirn* die Faust,
statt ihnen die Stirn zu bieten.

Darwin? Anpassungsfähige sind unfähig, mehr als nur zu überleben.

Allein konturlose Leute stechen noch hervor.

Altern gilt nun als Jugendtorheit und ewige Jugend als Altersweisheit.

Teilen tausend Menschen eine Meinung, bleibt für jeden nicht viel übrig.

Spitze Zungen spitzen die Ohren oft zu wenig.

Persönliche Anwesenheit ist noch keine große Geistesgegenwart.

Wer viel tut, denkt sich wenig dabei.
Wer sich etwas denkt, tut dadurch mehr.

Die besten Worte finden sich immer für nicht so gute Gedanken.

Mit jeder technischen Lebenserleichterung
wird das restliche Leiden schwerer.

Lieber Einstein, wie kann Licht, dessen Energie doch Masse hat,
sich mit Lichtgeschwindigkeit ausbreiten?

Reformation 2017 : Spendenbescheinigungen sind heutige Ablasszettel.

Wer etwas an den Haaren herbeizieht,
packt noch keine Gelegenheit beim Schopf.

Aphoristik sucht den zerhauenen *Gordischen Knoten* neu zu knüpfen.

Ingenieure genieren sich vor keinem Genie.

Kopflose überragen Verkopfte.

Wer mir einen Spiegel vorhält, zeigt mir nur, wie schön ich mich finde.

Der Künstler fertigt von vielen Kopien ein Original an.

Tagträume werden nachts wahr. Im Schlaf.

Am Tod fürchtet man, dass er eher ein Anfang als das Ende sein könnte.

Seit Hirnforscher jeden zum lebenslänglichen Gefangenen seines Gehirns
machen, wird wichtig : Welche Videothek möbliert das Oberstübchen?

Ist es besser, Gutes zu tun, Böses zu meiden
oder ein schlechtes Gewissen zu haben?

Mutige beruhigen gern Kleinmütige, und Schüchterne ängstigen uns gern.

Die Kultur erhebt Affen zu Übermenschen,
die Wissenschaft Unmenschen zu Affen.

Vor dem Besten ist das Gute nicht immer viel besser als das Schlechte.

Im Schaufenster sieht vieles viel schöner aus
als hinter meinem Stubenfenster.

Gedankenfreiheit herrscht in Gefängniszellen,
Gedankenlosigkeit in Frieden und Freiheit.

Man begräbt unter sich jeden, auf den man zu viel Wert legt.

Fortschritt? Himmel oder Hölle – weiter geht's nicht.

Wer stillschweigt, kann redlich
und der Lautsprecher ein unlauterer Charakter sein.

Zusagen sagen uns mehr zu als Zuspruch und gutes Zureden.

Die weite Welt? Deine Vorstellungen stehen deinen Augen im Wege.

Philosophen machten aus ihrer Armut mehr
als Denkbeamte heute aus ihrem Reichtum.

Ein „erfülltes Leben" enthält heute die innere Leere vollgemüllter Tage.

Verleger *vertreiben* mit Profit Bücher, die gegen Profitstreben geschrieben
sind. Sie handeln noch mit ihren Büchern und Autoren nicht mehr durch
ihre Bücher.

Was einen Wert hat, wird preisgegeben.

Jeder hat immer nur das Wort, das die Gesellschaft ihm gibt.

Das Jenseits ist auch nicht unbekannter als das Diesseits.

Der Krieg ist der Vater aller Dinge, der Wunsch der Vater der Gedanken.

Nur Genies sehen mehr Spuren hinter sich als vor sich.

Es gibt nur *goldene Zeitalter*, und keines gibt sein Gold her.

Hinweise, Ausweise, Nachweise und Verweise machen selten weise.

Wer durch mich hindurchschaut, durchschaut mich nicht.

Lieben heißt, eine Umarmung zu umarmen, Küsse zu küssen
und sein Durchdrungensein zu durchdringen.

Ziele verdecken die Zukunft, Erinnerungen die Vergänglichkeit.

Wer Recht spricht, bekommt oder behält, muss keins haben,
und wer es hat, gibt dir keins.

Ist Offenheit erwünscht, bleibt ein Wunsch offen : der nach Immunschutz.

Die eigene Schöpfung seines besten Geschöpfs
macht dem Schöpfer erschöpfend zu schaffen.

Ein Knecht des HErrn kann kein Knecht der Herren sein.

Technik machte Luxusgüter zu Massenartikeln, aber moderne Kunst war von
Anfang an Massenware, die Eliten zu ihrem Luxusgut machten.

Wo Freiheit herrscht, da herrscht sie auch über uns.

Wer dich übersieht, verfehlt oder wie Luft behandelt, trifft dich ins Mark.

Erbärmlich, wer sich des Erbärmlichen nicht erbarmt.

Du kannst wählen : Gemeinsam mittelmäßig oder einsam maßlos.

Gewöhnlich reden Aussagen sich aus ihrer Sprachlosigkeit heraus.

Was man sich und anderen nicht erklären kann,
stellt man allgemeinverständlich dar.

Jeder ist so begeistert von sich, als wäre der teuerste Wertgegenstand der
Welt wohlverdient für immer sein.

Das Beste hat aber auch sein Gutes.

Hochgestochenes kann höchst stichhaltig sein
und Überspanntes überaus spannend.

Jeder drückt irgendwie aus, wie sehr der Eindruck,
den er macht, ihn selbst beeindruckt.

Liebe : Zwei Ungenauigkeiten passen genau ineinander.

Wir legen inzwischen ein solches Tempo vor, dass unsere Wege und
Holzwege nicht zurückgelegt, sondern zurückgeschossen werden.

Es gibt zwei Abwege nach oben – den Aufstand des Empörers
und den Aufstieg des Emporkömmlings.

Du willst immer etwas tun für den, gegen den du dir noch zu helfen weißt.

Die interessantesten Gedanken stecken nie in den Köpfen,
sondern vor ihnen gut versteckt in dicken Wälzern.

Der Weg von der Hölle zum Grab ist kein Fortschritt, aber ein Aufstieg.

Einst war man beseelt und begeistert, nun ist man besoffen und bekifft.

Das Dunkel der Welt ernährt sich von deinem Licht,
das du über den Scheffel stellst.

Der Grund und Boden trägt die Schuhe, die man trägt.

Glaube beruht darauf, dass Begründungen von Begründungen
auf Abgründen beruhen.

Du hast die Wahrheit schon gefunden. Sie sucht dich noch.

Wer sein Leben er-zählt, nummeriert seine großen Augenblicke durch.

Wäre der Hirnforscher frei, könnte er das mit seinen Geräten prinzipiell nie
beweisen.

Mach dir ein Bild vom Ganzen und sieh: Du bist nie ganz im Bilde.

Der Turm zu Babel ist der Grund für den Abgrund, auf dem er steht.

Schöngeistige Sentenzen, frischfromme Urteilssprüche

Der unfreie Wille stammt von Mutter Natur,
der freie Unwille verdankt sich Gottvater.

Alles blüht dem, was nicht mehr in Blüte steht.

Wir schämen uns, den zu hassen, vor dem wir uns schämen,
und hassen den, vor dem wir uns unseres Hasses schämen.

Theorie will, was das Beste wäre, Praxis will, was gut genug wäre.

Wer grundsätzlich nicht naturwissenschaftlich feststellen kann,
ob sein Wille frei ist, hat damit nicht festgestellt, dass er nicht frei ist.

Glaube ist ein Schritt über dich hinaus,
Wissen ein Fortschritt über dich hinweg.

Wir kennen gar nichts absolut Gutes und Wahres mehr, aber endgültig
vorläufige Methoden, es damit auf Probe zu versuchen.

Eine Sachlage zwingt zur Entscheidung,
und man entscheidet sich für Sachzwänge.

Wer den Glauben aufgibt, behält keine Vernunft übrig
oder den Glauben daran.

Kritisiert ein kritisches Denken seine Maßstäbe, wird es unkritisch.

Die forsche These, dass es für uns nichts als innere Hirnzustände gibt,
ist nichts als ein innerer Hirnzustand des Hirnforschers.

Wie können innere Hirnzustände des Hirnforschers
von meinen Hirnfunktionen wissen?

Die Evolutionstheorie dient praktisch dem Überleben durch Anpassung an
eine Umwelt von überzeugten Evolutionstheoretikern.

Aus keinem logischen Schluss folgen Prämissen, aus denen er folgt.

Die These, dass es nur mehr oder minder widerlegbare Hypothesen gibt,
gilt als unwiderlegbares Dogma.

Nur unsere beste aller möglichen Welten ist so schlecht,
dass sie nicht unverbesserlich ist.

Es ist besser, durch absolute Wahrheit befreit zu sein
als von absoluter Freiheit gefesselt

Die stets über alles Natürliche hinausgehen,
reden nie vom Übernatürlichen.

Hegel begriff Schlegels geistreiche Witze als gewitzte Bruchstücke
eines Universalwitzes, den Adorno witzlos fand.

Kunst ist nicht Heideggers „Ins-Werk-Setzen der Wahrheit", sondern
der unbewussten Unwissenheit, seit unser Urwissen verloren ging.

Das Wunder muss darin liegen, dass es gar keine Wunder geben muss.

Exakte Wissenschaft ist blinder Glaube, dass nur experimentelle
Fakten zu Hypothesen führen, die zu neuen Fakten führen.

Wer Erfahrung hat, macht weniger Fehler, wenn er Erfahrungen macht.

Erfahrung brauchte Schifffahrt, Pferde oder PS;
heute wird die Welt erwandert und erflogen und erschlichen.

Dickfelligen schwimmen auch übers Ohr gezogene Felle nicht weg.

Dass die Natur ein Teil der Geschichte ist,
ist ein Teil der Natur, lehrt die Geschichte.

Sieger dürfen ihre Untaten, Besiegte müssen ihre Großtaten vergessen

Überall geht es ganz natürlich zu – außer bei einer solchen Einsicht.

Um mich mehr zu lieben, als bei mir beliebt zu sein,
muss man mir genug geschenkt haben.

Das dümmste Groupie schwärmt nun von seiner *Schwarmintelligenz.*

Wer selbstbestimmt lebt, ist von seiner Bestimmung selbst gefesselt.

Dass der Glaube das Leid sinnvoll macht, verhütet die Vernunft,
deren Sinn es ist, den Schmerz zu verhüten.

Erst war deutsche Kultur unpolitisch, dann deutsche Politik unkultiviert.

Kultur gibt es nicht mehr ohne Freiheit,
die Freiheit aber nur noch ohne Kultur.

Einst wurde Pflichttreue, nun werden Menschenrechte vorgetäuscht.

Vernunft ist der Tic, Andersdenkende als Irrationalisten wahrzunehmen.

Der Weise versteht die Gründe für alle Unverständlichkeiten gründlich..

Nun arbeitet man für Genüsse der Altvorderen
und genießt Arbeitsfrüchte der Nachfahren.

Wahre Industriedemokratie: Achtstundenwoche und ein geistiges Leben

Eine Gesellschaft toleriert alle Kulturen,
wenn sie selbst keine mehr hat.

Der Affe in mir kränkt keine Vernunft, sondern schmeichelt der Vitalität.
Und wie kann noch Affe sein, wer über ihn spricht?

Geisteskraft bewegt Stubenhocker, Geistesträgheit hält den Körper fit.

Was man mit dem Affen gern teilt,
will man dem „Neger" noch voraushaben.

Wer Mitleid zeigt, will beweisen, dass er es nicht erregt.

Der arme, kranke Nietzsche hatte kein Mitleid, da er keins wollte, o. u.

In der Tradition steckt die Gewalt, sie zu brechen.

Bringt Ausbeuten mehr Kraft, als Unterdrücken kostet?

Taten können so gut lügen, wie Worte wahr sein können.

An dem Tag, als Gott ruhte, begann der Mensch die Arbeit an eigenen Schöpfungen.

Wer sozialpolitisch nichts zu sagen hatte, nannte sich *kosmopolitisch*.

Gesellschaft heißt : Das schwache Argument des Starken schlägt das stärkere Argument des Schwächeren.

Auch der Aufgeklärte lebt nie so, als hätte der Erlöser nie gelebt.

Amoralist? Amor stirbt nicht an Moral, Moral stirbt ohne Amor.

Nietzsche: Auch der Homo erectus will an die Macht, die ihn unten hält.

Der Egoismus kann in seiner Selbstüberwindung gipfeln, doch nicht am Selbstübertreffen sterben.

Kann man selbst erkennen, dass man sich nicht selbst erkennen kann?

Unsere Gesellschaften fürchten Auf- und Widerstände, aber nicht der klugen Minderbemittelten, sondern derer, die das bleiben wollen.

Die Reichen brauchen ihre Mildtätigkeit mehr als die Armen.

Auch moderne Kunst kommt von Können: sie ist fähig, nicht nur frühere Fähigkeiten nicht mehr zu vermissen.

Die Sonne, die die Welt erhellt, ist keine Lampe, die den Schreibtisch beleuchtet, und umgekehrt.

Man beseitigt Ausbeutung, indem man Ausgebeutete beseitigt.

Übt das freie Wort Macht aus, hat freie Macht sich der Sprache bedient.

Liebt seinen Nächsten wie sich selbst, wer Gott über alles lieben soll?

Neue Liebe befreit von alter, doch nur tote Liebe macht frei für neue.

Die Welt besteht weniger aus ihren Atomen
als aus allen Perspektiven, sie zu (v)erkennen..

Wir erinnern uns nur an das, wofür wir uns noch nicht gerächt
und andere sich noch nicht bedankt haben.

Hoffnung und Recht auf Hoffnung vermehrt sich
hoffentlich durch Enttäuschungen.

Unsere unterscheidet sich von allen Kulturen gleich dadurch,
dass sie alle für gleich hält.

Demokratie: Der Wille der Mehrheit soll jeder Minderheit zu Willen sein.

Wer freie Wahlen erlaubt, will uns verantwortlich machen für alles, was
uns zustößt, doch in Diktaturen liegen die Verbrechen in den Gesetzen.

Politik macht, wer sich schuldlos glaubt,
und ein Paradies wäre keins ohne Schlange.

Unsere Gesellschaft schützt das Menschenrecht,
dass sie ihm gleichgültig bleibt.

Väter vermissen schon vatermörderische Kinder,
und jung sein zu wollen, ist verkalkt.

Bei Kants *Ding an sich* handelte es weniger um Schopenhauers
als – um Gottes Willen.

Wer zu tief vorm Materiellen kniet,
kniet sich nicht tief genug in die Materie.

Gute Menschen sind keine besseren Dichter und Denker als schlechte.

Die Hölle ist ein Totenreich ewiger Finsternis und ewigen Feuers zugleich.
Man sieht nichts und brennt, man hat Entzündung durch Erkältung.

Es ist Wunschdenken, ihm durch Realismus und Enttäuschungen zu
entkommen.

Unser Drang, durch die Fassade zum Kern der Dinge vorzustoßen,
gehört zur Fassade.

Auch der Abgrund hat seinen Deckel. Das ist der Boden der Tatsachen.

Wer keine Stromschläge kriegt, hat nie eine Wirklichkeit berührt.

Der Zerfall ist die natürlichste Form der Analyse.

Wer nur seine Feinde liebt, ist noch kein Christ.

Auch Verbrecher wollen keinen Polizeistaat.

Mit heutigen Ehepartnern kann man nur trojanische Pferde stehlen.

Wer inkognito bleiben will, muss nur seine Maske absetzen.

Jeder ist so frei, sich zum Produkt der Gesellschaft zu machen,
doch wer nur in Ruhe nachdenkt, begeht schon Irrenhausfriedensbruch.

Erleuchtet wirst du nur von dem Blitz, der dich treffen soll.

Pädagogik 2000: Nicht gelobt ist genug getadelt
und ungerügt schon vielgerühmt.

Am Anfang war die Untat, am Ende das Transplantat.

Ein Aphorismus scheidet Unzertrennliches, wo er Unvergleichliches vereint.

Man ist nie so klein durch seine Schwächen,
wie man groß ist durch seine Stärken.

Wer ganz bei der Sache ist, ist noch nicht bei der Ursache u. u.

Auch das Armenkind Heidegger wollte endlich einmal etwas „sein",
aber wem?

Am meisten leistet im Bett, wer fürs Brot am wenigsten leistet.

Aphorismen sind unteilbare Sätze, die nie Teile eines Systems werden.

Wer Logik auf Leute anwendet, raubt ihr die Schärfe,
und wer ihre Schärfe rettet, (er)löst sie vom Leben.

Unrat und Untat. Denker kommen aus dem Staunen über die Welt
nie heraus und Täter in das Staunen nie hinein.

Der Zeitgenosse ist sich viel zu sicher, dass alles prinzipiell ungesichert
ist. Dass letztlich nichts feststeht, kann dann auch nicht feststehen, und es
bleibt im Schwebezustand, was alles in der Schwebe zu bleiben hat.
Sind wir uns zu gewiss, dass Gewissheit unmöglich bleibt?

Ob wir *vor-* oder *nachmetaphysisch* denken,
ist eine metaphysische Entscheidung.

Eher ist Leben eine Selbstentfremdung des Geistes als Geist eine
Selbstentfremdung des Lebens. Scharfsinniger Geist entfremdet sich
zu recht einem stumpfsinnigen Leben.

Nicht der Geist erstarrt, sondern Leben lässt sich gehen.

Goethe und Rembrandt sind ebenso wenig Genies, weil Jugendliche
sie heute langweilig finden, wie Pop und Internet großartig sind,
weil Bildungsbürger das immer noch minderwertig finden.

Aphorismen zur Naseweisheit

Das 20. Jahrhundert hat mehr Grauen als Kultur hervorgebracht: Religion, Musik, Malerei, Skulptur, Architektur, Literatur, Philosophie waren zweit-klassige und bestenfalls gutgemeinte Aufgeregtheiten ohne Zukunft.

Was du verstehst, kann des Teufels sein,
was du nicht verstehst, muss nicht Gottes sein.

Neue Malerei entpuppte sich in Massenmedien als bloße Werbegraphik.

Wer Pop-Art nicht mag, mag moderne E-Kunst bis heute nicht: Moderne Kunst galt als elitär, bis neue Massenmedien sie als Pop-Art entlarvten.

Wer nur sich bereichert, verarmt die Welt.
Wer nur sich befreit, trägt zur Befreiung der Welt bei.

Am meisten leistet im Bett, wer fürs Brot am wenigsten leistet.

Phänomenologie? *Res, non verba :* Schlagstöcke, nicht Schlagworte!

Man rät gern, nicht zu viel auf gute Ratschläge zu hören.

Es gibt keinen üblichen Sprachgebrauch, wie man über ihn spricht.

Für Hirnforscher hat man mit dem eigenen Kopf eine ganze Welt am Hals.

Fortschritt und Sofortpflanzung. Was auf festem Grund geht und steht, das wurzelt in keinem Boden.

Bestseller : Verbraucher brauchen Verbrauchtes, das sie missbraucht.

Von Sinnerfahrungen gibt es gar keine Sinneserfahrungen, und gäbe es nur Sinneserfahrungen, ließe sich das nicht sinnvoll ausdrücken.

Lässt du bewusst unbewusst, was du unbewusst dir bewusst machst?

Wissenschaftsdispute dürfen dich überleben, Diskussionen nicht.

Platonische Ideen sollten nicht himmelhohe Ideale sein, die wir verfolgen,
sondern unsichtbar ferne Sterne, denen wir folgen.

Feigheit kleidet sich gern in Respekt und Toleranz.

Evolution. Die Einfälle der Künstler und Techniker verbessern in wenigen
Jahren, wozu die Zufälle der Natur Jahrmillionen brauchen.

Der Kopf hindert mehr am Denken als am Köpfen.

Der Philosoph fällt über das Nächstliegende, die Sterne,
wenn er bedenkt, was ihm am fernsten liegt, sich selbst.

Falle und gefalle, neige dein Haupt und steige.

Wer nie genug weiß, um handeln zu können,
kann aber reden und schreiben, um nicht handeln zu müssen.

Andere als bloße Rhetoriker abzutun, ist als bloße Rhetorik abzutun.

Wer Vorläufer ehrt, ist noch nicht wert, von Nachfahren geehrt zu werden.

Kants Mutter Natur macht eine glänzende Erscheinung
und hat nichts mehr von einem jungen Ding an sich.

Argumentalität. Jede Zeit lässt für Thesen andere Beweisgründe gelten.

Tu etwas so oft, bis es dir vertraut ist, aber dann noch einmal so oft,
bis es dir rätselhafter wird als am Anfang.

Mimesis? Wir ahmen den Schöpfer nach, nicht mehr seine Schöpfung.

Der Mensch fühlt sich auf Erden größer als die Erde im All,
und sein Geist setzt große Töpfe in kleinere.

Es gibt massive Massenmenschen, aber keine Menschenmassen.

Dein Nächster sollte weder so weit entfernt sein
noch dir so nahe kommen, dass er unsichtbar wird.

Der Geist weht, wo er will, und Naturforscher messen,
wie eine Fahne den unsichtbaren Sturm peitscht.

Nur verstopfte Ohren gehorchen noch der Stimme des Gewissens.

Wer nichts Gewöhnliches mag,
macht nichts Außergewöhnliches zur Gewohnheit.

Philosophie fängt immer wieder von vorn am, um nicht am Ende zu sein.

Um hinter eine Sache zu kommen, muss man hinter ihre Ursache zurück.

Ein neuer Engel vermehrt die Welt um zehn Teufel.

Wer die Schinder liebt, fürchtet sie und sich weniger.

Man wirbt darum, Gewerbefreiheit zu erwerben gegen Gedankenfreiheit.

Liebe ist der Drang des Perfekten nach (dem) Defekten oder umgekehrt.

Ausnahmen bestätigen, man wird berühmt geboren und stirbt vergessen.

Wer die Schwäche hat, deine Stärken nicht zu sehen,
hat die Kraft, seine Schwächen zu übersehen.

Ein gerechter Gott ist gefürchteter als die blinde Fortuna.

Je klarer die Sprache, desto unklarer die Sache, und umgekehrt.

Was man nicht weiß, nennt man Religion, Philosophie oder Wissenschaft.

Es ist kein Kunststück, Bruchstücke seines Schmerzes
zum Schmuckstück zu machen.

Leicht scheint mir höher und wahrer, was mir schwerer fällt.

Bin ich halb impotent bei dir, bin ich ganz verrückt nach dir.

Wer stolz ist auf das, was er ist, wird auch eitel auf das, was er nicht ist.

Künstler durchbrechen die Sehgewohnheiten wie Demente.

Tadel abweisen darf, wer Lob abweisen kann,
und ein Lob mindert die Güte, ein Witz die Bosheit.

Was du mir vormachst, muss nur nachmachen, was du dir vormachst, o.u.

Wer nicht laut genug schreit, wird nochmals geschlagen.

Der Tunichtgut tut Gutes, um besser böse zu sein.

Selbstlosigkeit nützt dir selbst oft mehr als Eigennutz.

Begabung überträfe jede Eingebung, wenn sie nicht Eingebung wäre.

Je m´en fiche. Wer Anerkennung verdient, erkennt sie nicht an.

Dem Krösus macht jedermann mehr den Hof als der Helena.

Kann täuschen, wer nichts zu bieten hat?

Ich will dich stürzen, um mich zu stützen, und muss dich doch stützen
und schützen, um nicht selber zu stürzen.

Lieber sich von Wunschbildern entfernen als Schreckbildern nähern.

Überlies das Zweitbeste der besten,
nie das Beste der zweitbesten Dichter.

Wer Güte sucht, sucht nicht mehr Schönheit, wer Schönheit sucht,
nicht mehr Wahrheit, und was wahr ist, ist kaum mehr gut und schön.

Wer alles dumm findet, ist zu schlecht,
und wer nichts dumm findet, zu schlicht.

Manche parieren nicht aus Furcht,
sondern haben Angst, um gehorchen zu dürfen.

Trivialromane sind spannend, große Romane überspannt;
Dutzendköpfe sind banal und Originalgenies verstiegen.

Zieh mich nicht zu dir herab, indem du mich auf ein Podest hebst.

Ich setze mich nicht zwischen alle Stühle, sondern in einen Sessel, stecke
mich in eine feste Schublade und verteidige meine starren Dogmen.

Sollte grüne Ökologie nicht immer nur ablenken von roter Ökonomie?

Dürften sie Gott nicht aus falschen Gründen leugnen,
gälten viele Zeitgenossen für keine richtigen Atheisten.

Gutgemeinte Dummheit wirkt auf manchen schlimmer als böse Absicht.

Meinungen, Freuden und Leiden werden oft geteilt, doch nie in der Mitte.

Der Blinde gewahrt das Donnerwetter und der Taube den Geistesblitz.

Redefreiheit gipfelt in Vogelfreiheit, Gedankenfreiheit in Narrenfreiheit.

Die Gedanken sind frei – an sich zu zweifeln.

Wer das Leben genießt, wirft es weg.

Die Niederlage der Gedankenlosen besiegelt den Sieg der Gefühllosen.

Nicht jede Enttäuschung ist eine Wahrheit.

Deines Nächsten Weib sollst du nicht entsagen, sondern nie begehren.
Wer liebt tugendhaft seines Nächsten Weib und lasterhaft sein eigenes?

Wer sich wohlfühlt, muss kein Egoist, und wer unwohl ist, nicht selbstlos sein.

Wer was weiß, schreibt es. Wer nichts weiß, tut es.

Ohne Geist wird pure Vernunft die Luftbrücke zwischen Irrtum und Irrsinn.

So jung und noch so altklug, so alt und schon so vital!

Der Schwerfällige nennt sich gründlich, der Leichtfertige wagemutig.

So affektiert wie inkognitiv. Mach dir bloß Gedanken, die dir kommen,
sonst kommen dir Gedanken, die du dir machst.

Wer mit Menschen umgehen will, muss sie umgehen.

Tatsachen und Wahrheiten kleiden sich in Nacktheit
und enthüllen sich gern in Lug und Trug.

Auch ein Stern lässt sich unters Mikroskop legen
und dein Blut im Fernrohr betrachten.

Antworten sind lieber Lügen als Irrtum und Irrsinn.

Der Christ geht in den Himmel über seine eigene Leiche.

Wer geht durch seine Innenwelt, um ans Tor zur Außenwelt zu kommen?

Was du denkst, ist ein Sehfehler, und was du siehst, ein Denkfehler.

Egoist heißt, wer nicht mal den bemitleidet, der Mitleid hat.

Was du dir am wenigsten vorstellen kannst, stellst du dir am liebsten vor.

Es ist dümmer, Dummköpfe zu belehren,
als Gelehrte Dummheiten sagen zu lassen.

Angsthasen wissen, dass sie gefürchtet sind.

Sprechen heißt Sprüche machen, und widersprich keinen Widersprüchen.

Um seine unterlegenen Feinde zu lieben, reicht es nicht,
seine überlegenen Freunde zu hassen..

Kaustische Käuze vom Narrenhochseil

Physik zeigt, dass sich die Natur am besten erklären lässt
auf unnatürlichste Weise.

Gewerbefreiheit ist nicht so gedankenlos,
um Gedankenfreiheit zu werben.

Ein Kind ist noch zu jung, um nichts zu wissen, zu können und zu sein.

Ewig lebten die Leute nur lange vor aller modernen Medizin.

Ein gutes Verhältnis haben Leute, die einander für schlecht halten.

Güte und Bosheit, Wahrheit und Lüge, Armut und Reichtum,
Dummheit und Klugheit sind Satiren aufeinander.

Gesundes Leben hat keinen Sinn – für Fragen nach seinem Sinn.

Ich sehe vor allem das Körnchen Wahrheit in meinen vielen Irrtümern
und die Berge von Schutt über deinem Goldkörnchen.

Beweisen lässt sich Lüge mit Wahrheit eher als Wahrheit mit Lüge.

Je mehr Maschinen für uns arbeiten, desto mehr schuften wir für sie.

Schrankenlose Beschränktheit entsteht,
wenn den Grenzziehungen keine Grenzen gezogen sind.

Allein unsere Schwächen haben einen Nutzen von unseren Stärken.

Du hältst keinen für einen Irren, der nicht anders irre ist als du.

Idealisten hatten in der Jugend getrieben,
was Schiller im Alter geschrieben hätte.

Gute Zeiten für Philosophen : schlechte Zeiten für Philosophie.

Was der Staat dir nicht nimmt, hat er dir noch nicht gegeben,
doch was er dir nicht gibt, hat er dir genommen?

Der Tod macht so viel Unsinn, dass das Leben keinen Sinn mehr braucht.

Ohne lange Interpretationen sind Bonmots zu selbstverständlich.

Lieben muss vor allem, wer fürs Recht unbegabt ist.

Machst du die Erfahrung, sie machen zu müssen,
ist es dafür schon zu spät.

Man glaubt, der Tod sei hart oder fern und das Leben schwer oder öd.

Die meisten sind Helden, die selbst unter Foltern nicht ihr Genie verraten.

Mancher verwahrt seine Untaten, als seien sie künftige Ruhmestitel.

Der letzte Ausweg jener, die nicht denken können, ist Handeln,
und die nicht handeln können, das Schuften.

Wer wird durch Schaden so klug, dass er nachgibt,
bevor er schädlich wird?

Narziss macht nicht, was er will, sondern will, dass du willst,
was er macht, und macht, dass du machst, was er will.

Dummkopf : Subjekt, das objektiv nach Intellekt urteilt
statt effektiv nach Affekt – sagen die Klügeren.

Heideggers „Seyn" bleibt auf seinen vier Buchstaben ewig sitzen.

Selbstlos ist, wer nicht nur aus Gleichgültigkeit mein Selbst loslässt.

Egoismus : Rücksichtslosigkeit gegen den Egoismus anderer.
Altruismus : egoistische Rücksicht auf fremde Egoisten.

Vom Ewigen hat man nicht mehr gelernt als aus der Geschichte.

Der Mitmensch ist ein Wesen, das mich bei Gott dadurch unbeliebt macht, dass es mir die Nächstenliebe absichtlich schwer macht.

Es gibt sogar Eifersucht auf Betrogene, und groß ist, wen man selbst um seine Fehler und Fiaskos, Schwächen und Schulden beneidet.

Wer immer andere Zeitgenossen will, darf sich zu keiner Zeit ändern.

Welchen Apfel muss ich essen, um aus dem Paradies der Werktätigen endlich vertrieben zu werden in die Hölle ewiger Langweiler?

Wer Leute aufklären will, muss ihnen Wissen als Aberglauben verkaufen.

Unsinn ist Sinn unterm Mikroskop, und Sinn ist Unsinn durchs Fernrohr.

Vielleicht ist das Leben kein Traum, aber ein Mensch eine Fata Morgana.

Der Isolierte ist noch kein Individualist,
doch ein Nonkonformist an der Einsamkeit zu erkennen.

Kein Christ, der den Tod hinausschiebt, verkürzt sich das ewige Leben.

Von seinen Tops lebt die Familie,
von seinen Flops der Nachruhm des Autors.

Die Aufklärung machte unaufgeklärte Weise zu aufgeklärten Ignoranten.

Mancher starb ein Leben lang und hat an *einem* Tag wirklich gelebt.

In Gottes riesigem Zuchthaus bauen wir uns viele kleine Zellen.

Der Schöpfer nahm unser aller Schuld nicht auf sich,
weil seine eigene noch größer gewesen wäre.

Das Selbstbewusstsein glaubt weniger Grund zu brauchen als der Stolz.

Kein Buch legt einen Aphorismus aus, der viele Bücher zugleich auslegt.

Tiefes Schweigen ist länger und nicht höher als ein tiefer Gedanke.

Epigonen gehen jeder Avantgarde voraus.

Du mußt Schlechtes tun, damit du an die Macht kommst, um Gutes tun zu können, aber auch Gutes tun, damit du Macht gewinnst, viel Böses zu tun.

Am meisten sind die neuesten Alten durch ihre ewige Jugend gefährdet.

Einst mussten kluge Barbaren sich überzivilisiert geben,
nun muss vitale Kultur sich unterkultiviert darstellen.

Buchkritiker lesen lieber, was sie schreiben,
als zu schreiben, was sie lesen

Ein Philosoph wird von Vater Staat dafür bezahlt, dass er mit der reinen nackten Wahrheit schläft, ohne sie zu heiraten und zu schwängern.

Perversionen werden nie stinknormal, ohne dass die Normen pervertieren.

Schmeichle, um nicht loben zu müssen,
und mahne, wo du nicht schmähen darfst.

Bedroht ist der eine, der die Seuche (oder Genie) hat,
wie der einzige, der sie nicht hat.

Lob der Klugheit kann dumm sein wie der Preis des Mutes feige.

Wer eheliche Pflichten aufhebt, behält keine sinnlichen Neigungen übrig.

Kunst? Gaukler und Gauner gehen einer geregelten Arbeitslosigkeit nach.

Die gelungene Fälschung eines misslungenen Originals will gerühmt sein.

Christliche Nächstenliebe schockiert als letzte Perversion.

Erst spart man fürs Leben, dann am Leben.

Mm-oral. Erst kommt das Fressen, dann das Scheißen auf den Fraß und dann das Dinieren.

Skepsis hat viele große Untaten verhütet, aber noch mehr große Taten.

Man will die Wahrheit hören, weil man lieber lügt als belogen wird, nicht weil man lieber irrt, als irre wird an ihr.

Gott vergibt uns sogar, wenn Er unsere Erwartungen unerfüllt lässt.

Nichts pöbelhafter, als sich von Populisten ständig abheben zu müssen.

Die Philosophen stellen keine Fragen mehr, die kein anderer beantworten könnte, sondern beantworten Fragen, die kein anderer stellen würde.

1789 : Brüderlichkeit kennen nur ungleiche Sklaven.

Fortschritt: Gefesselt sind Vorfahren mit Eisenketten und Zeitgenossen von Silberkettchen.

Demut ist zu stolz, um stolz zu sein.

Gesellschaft ist Leidenschaft für Herrschaft einer Mannschaft durch Seilschaft, Machenschaft und Wissenschaft.

Angesehen ist der Soldat gut in schlechten und schlecht in guten Zeiten.

Außerhalb der Irrenhäuser hat der Wahnsinn so viel Methode wie eine Wissenschaft und innerhalb so wenig wie ein Aphorismus.

Man lacht über den Ungewitzten, der ein guter Witz ist und keinen macht.

Ein Denker staunt, wie viele erstaunliche Dinge eigentlich gar nicht staunenswert sind.

Sein und Sonnenschein und Augenschein waren einst eins. Heute sind Sein und Geldschein eins.

Am Jüngsten Tag werden auch unsere Waagen gewogen.

Elementar: Komplexe sind viel einfacher zu verstehen als das Einfachste.

Dem Mächtigen werden die meisten Edelsteine in den Weg gelegt.

Ich bin nicht bei Troste: Was tröstet mich darüber,
dass ich Trost brauche?

Jedes Teil ist ein Opfer und Komplize des Restes.

Die Naturwissenschaftler wissen nichts, was sie nicht messen,
aber messen auch nichts, was sie nicht wissen.

Es gibt viele Wahrheiten. Das ist das Falsche an der Wahrheit. Und es
gibt wenig Gutes in der Welt. Das ist am Besten das Schlimmste.

In Philosophie, die uns zu hoch ist, fallen tiefe Gedanken über das tiefe
Schweigen von Gott und der Welt mit tiefen Seufzern in tiefe Brunnen.

Den Egoismus, den ich nicht hätte, würde ich niemandem ankreiden.

Hegel : Wer sich vor Herrschern bückt, kann vom Grund und Boden der
Tatsachen alles dreifach aufheben.

Der Reiche sät, was der Arme geerntet hat.

Fang an aufzuhören und hör endlich auf anzufangen!

Eine Arbeit und Vernunft annehmen ist eins. Fast jede Maschine nimmt
dem Arbeitnehmer die Arbeit nun weg und nicht ab.

Wer die Stärken der Schwächlinge sucht,
hat noch nicht die Schwächen der Kraftmeier gefunden.

Jeder will geliebt sein, denn Liebe macht blind.

Gott belohnt uns mit allen Zweifeln an Ihm.

Schwarze Löcher im Kopf der Bleistiftspitzensportler
Stand- und Streitpunkte : Mittel-, End- und Kontrapunkte

Ein König lässt nicht nur seine Lustschlösser, sondern auch
seine Luftschlösser von Sklaven bauen und mit Luftschlössern sichern.

Man kriegt weniger, als man verlangt, doch dafür mehr, als man verdient.

Entscheide dich zwischen falsch und richtig, nicht für den Schiedsrichter.

Was weh oder schön tut, muss nicht gut oder wahr sein,
und was gut tut, nicht schön sein.

Der armselig Mühselige darf gegen habselig Glückselige weder feindselig
noch redselig, weder saumselig noch leutselig werden.

Ich bin mein Geld nicht wert, wenn so wenig wert ist, wozu ich es benutze.

Du kannst nie mehr geben, als es dich kostet.

Wer scharf tadelt, will für seinen Scharfsinn auch gelobt werden.

Man hasst Bessere, verachtet Erstbeste und leugnet Gleichgute.

Du kannst keine Sache an das Licht bringen, in das du dich rücken willst,
und kannst dich nicht ins Licht rücken, das du in eine Sache bringen willst.

Wer sich entschuldigt, bittet nicht um Entschuldigung.

Manchem gibt es am meisten, dass jeder willens und unfähig ist,
ihm etwas zu geben.

Viel Wahres ist nicht gefährlich oder gefährdet, sondern bloß ungefähr.

Wer nicht selber glauben kann, was er glauben machen will,
kann keinen Charakter heucheln.

Geist sollte weltfremd sein, *dehors*, weder für noch gegen, weder Zeitgeist noch Corpsgeist: ein Nebenleben für sich, ob nun drunter oder drüber.

Eitel wird, wessen Stolz geknickt wird,
und stolzer Geist kränkt weniger als Geist.

Werde ein besserer Mensch, und sei es, um Rivalen auszustechen.

Der Naturwissenschaftler versteckt sich schelmisch hinter Messgeräten,
um nackte Tatsachen zu überraschen.

Ich liebe an mir, was ich an dir hasse,
und hasse an mir, was ich an dir liebe.

Kühlst oder wärmst du dich durch Urteile, die dich treffen,
oder an Urteilen, die du fällst?

Man sollte nicht so jung sterben, dass man den Tod noch nicht verdient,
oder solange leben, dass man ihn verdient hat.

Jeder zeigt sich so, wie er nicht ist, weil er so ist, wie er nicht sein sollte.

Freiheit, die nicht Recht wird, bleibt Macht,
doch die nicht Macht wird, bleibt selten Recht.

Wer nicht dran glauben will, will sein blaues Wunder erleben.

Altes wird nicht mehr von Feinden vernichtet,
sondern vom Fortschritt verwertet.

Die Natur ist so wenig humanistisch
wie der Mensch physikalisch zu verstehen.

Vielleicht scheint uns nur so, als sei alles nicht so, wie es uns erscheint.

Dass es *Dinge an sich* gibt, ist uns vielleicht eine bloße Erscheinung vor dem *Ding an sich*, dass es dahinter gar keine *Dinge an sich* gibt.

Was die Tugend von der Jugend fordert, löst kein Alter ein:
Der Pyrrhussieg der Vernunft ist das Siechtum.

Einstein, Picasso und Albert Schweitzer zu ehren, soll uns selber ehren.

Kritiker korrigieren (Aus-)Druckfehler, doch Dichter nicht Denkfehler.

N-ovum. Demokratie herrscht, wo der Gesetzgeber kein Terrorist ist
und kein Rechtsbegehren zum Terroristen macht.

Wer sich nicht stark genug fühlt, gibt seine Freiheit zu Recht freiwillig auf.

Man will Macht, seit man für Fehler Untergebener nie mehr einstehen muß

Viele werden zu Unrecht so oft gelobt und beschenkt, dass sie sich
auch mal zu Unrecht tadeln und schröpfen lassen können.

Die Gesellschaft besteht nicht auf Individuen, aber aus Bürgern,
weil jeder Bürger ganz aus Gesellschaft.

Die sterilsten Ideen sind die praktikablen: Nur Zweckloses nützt noch.

Die Demokratie hat das Christentum vor kirchlichem Absolutismus, die
Religion aber die Demokratie nicht vor kulturellem Relativismus gerettet.

(M)ORPHEUS: Untiefen sind seicht wie Tiefsinn.

Unsterblicher Glaube an Unsterbliche? Die Welt hat die Religion schon
demokratisiert, die Religion aber die Welt noch nicht rekultiviert.

Freudige Überraschungen : Überraschungsangriffe auf Unterlegene.

Geistesemergenz : Ein Hohlkopf will eher Wissen als Gehirnwäsche.

Fern vom Herrscher irrt man, nah am Herrscher lügt man,
und ohne Herrscher sagt der Wahrhaftige auch nicht viel Wahres.

Wer respektiert Elend, wer Leistung und wer Bettler als Leistungsträger?

Man wird in viele Sterbliche hineingeboren und stirbt in mehr Tote hinein, aber zeugt der Fortschritt mehr Leute, als er ohne Krieg ernähren kann?

Ich kenne nur eine Form von Ewigkeit, meine Lieblingsbeschäftigung, bei der ich vergesse, wie die Zeit vergeht, ohne dass ich sie totschlage.

„Die Politik ist das Schicksal", das dem technischen Geschick folgt, und Technik ist das schwere Schicksal, das unser Schicksal erleichtert.

Der Künstler muss leider ausleben, was seine Werke nicht ausdrücken.

Auch das metaphysische „Dreikörperproblem" von Gott und der Welt und der Seele in Bewegung war immer unberechenbar chaotisch.

Wird das Sicherheitsbedürfnis riskanter, ist Risikobereitschaft sicherer.

Dass Aphorismen gegen Beweise sind, gilt als Gegenbeweis.

Kopf voller Hohlköpfe. Schraubt ein Autor die Ansprüche höher, wirkt er verschroben. Schreibt er nicht spannend über uns, heißt er zu überspannt. Steigt er uns weniger zu Kopf als über den Kopf, heißt er verstiegen. Sieht er die Kehrseite der Medaille, heißt er einseitig, und sieht er uns von allen Seiten, ein Pedant. Kommt er zu sicheren Ergebnissen, ist er dogmatisch erstarrt, denkt er nach, bevor er nichts tut, ist er kopflastig, und beschränkt er sich auf das, was er weiß, nur ein Fachidiot.

Wer verfault ohne fleißiges Teamwork in einem Elfenbeinturm?

Worüber Deutsche nicht zu wenig reden, reden sie zu viel, um es kultivieren zu können.

Aus einem Eintopf lässt sich nicht viel buntes Gemüse gewinnen.

Es gibt böse Mittel, den Menschen zum Selbstzweck zu machen, und humane Mittel, ihn nützlich zu machen.

Moral 2020: Lieber soll keiner profitieren als nur einer.

Kult und Abwehr naturwissenschaftlicher Erklärungen
sind naturwissenschaftlich unerklärlich.

Praktische Realisierbarkeit selber kann unrealisierbar utopisch werden.

Schluß mit Arbeitslosigkeit : Ersetzt Maschinen wieder durch Menschen!

„Was man heute wissen muss" ist genau das, was man gar nicht
so schnell lernen kann, wie man es schon wieder vergessen müsste.

Jeder ist das einzige Wesen,
dass der ganzen Welt paritätisch entgegentritt.

Die Treue zur Erdatmosphäre wird zum Verrat an der Fest-Atmosphäre.

Sind Theologen Offenbarungskrämer? Auch Stalin und Mao wollten nur
Schöneres verhüten, als sie den Himmel auf Erden knapp verfehlten.

Ein Schlag- und Schimpfwort sagt mehr als tausend Weltbilder.

Das Christentum verengte den Monotheismus auf *ein* Gotteskind für *alle*
Gotteskinder, nicht auf *einen* Vater für *ein* Volk.

Kleinbürger nennt sich der Sklave, der sich zum Lohn Sklaven halten darf.

Der Gottlose braucht Macht und der Mächtige Gottlose.

Die Jahrtausendgebilde der Weltgeschichte, Pharaonenreich und Kirche,
haben eins gemein : sie lebten von Unsterblichkeit und starben daran.

Wird es lebensgefährlich, fürchten wir das Leben, nicht um das Leben.

Pragmatiker lesen in jedem Buch ein Scheckbuch oder Drehbuch.

Pech ist die Poesie der Praktiker – und die Theologie der Theoretiker.

Wer weder gewinnen kann noch verlieren will, (er)gibt sich als Pazifist.

Eine Bürokratie erkennt man daran,
dass sie rasch und unbürokratisch handeln will.

Forscher bringen Verborgenes gern an ihr Licht.

Der Böseste ist immer gut darin, uns zum Besten zu halten.

Begeisterung für Ungeist. Idealisten kommen nie auf die kluge Idee,
dass um ihrer selbst willen nicht nur kluge Ideen verfolgt werden.

Am leichtesten demonstriert Kultur, wer sie überall vermisst.

Todesstrafe fordert, wer sich in Opfer leichter hineinversetzen kann
als in Mörder.

Unvergleichliches muss am häufigsten verglichen werden.

Erst stellten Deutsche Kultur über Politik,
dann Sozialstaat über Rechtsstaat.

Im Roman und Theater sind Gelehrte nur irre Verbrecher
oder weltfremde Pedanten, nie helle Vorbilder.

Entweder wird die Welt politisch oder der Mensch genetisch verändert.

Japaner sind so dumm, jedes AKW auf Erdbeben zu bauen,
Deutsche so dumm, sie grundloser von festem Grund zu verbannen.

Bescheidenheit tut weh. Der Vergleich von Arm und Reich hinkt
wie ihr Ausgleich.

Der Blick nach oben geht ins Innere. *(frei nach Augustinus)*

Was schwer geht, muss nicht bergauf gehen,
doch geht es bergab, lässt man sich gehen.

Man muss gar nicht lügen. Es genügt, sich zu irren oder nichts zu wissen.

Kuddelmuddel ohne Techtelmechtel :
Kultur macht Luft- und Gedankensprünge

Deutsche kennen lauteren Wettbewerb
nur um Abschaffung des unlauteren.

Die überlegen, wie sie sich aufschneiderischen Unterklassen überlegen
zeigen, übertreiben ihre sprachlichen Untertreibungen.

Moralismus wirkt heute unmoralisch, Moral fordert Nachsicht mit Unmoral.

Ganz unten werden sogar Kräfte zu Schwächen, und Macht hat,
wer seine Schwächen als Stärken aufdrängen kann.

Auch der Aphorismus hat seine guten Argumente:
die Gegenargumente der Leser.

Die Kluft zur Unterschicht wurde bisher überbrückt
durch Jeans-Kluft und Mülldeutsch.

Die Überzeugung, dass jede Überzeugung gleichberechtigt gleichwertig
ist, bedeutet die Weigerung, eine zu haben.

Klügere Leute wirken immer behinderter.

Aphoristik heißt: Die Verallgemeinerung, dass jede voreilig ist, ist voreilig.

Bloße Rhetorik sind nicht die Bonmots, sondern die guten Argumente
ihrer weitschweifigen Gegner.

Was er will, geniert ihn, was er hat, genießt der Katholik. Der Protestant
wird mit Wohlstand belohnt und mit Genussunfähigkeit gestraft.

Eine Geschichte des Blödsinns ließe sich weder von Blödians noch von
Genies schreiben.

Wer mehr könnte als nur träumen, kann nur davon träumen,
andere aus schönen oder bösen Träumen zu wecken.

Für den Frieden sein heißt ent-rüstet für ihn reden oder beten;
für den Frieden handeln heißt kapitulieren oder aufrüsten.

Wer Recht hat aus falschen Gründen,
hat noch nicht Unrecht aus wahren Gründen.

Den Verstand sah Schopenhauer im Dienst des Willens
und Freud im Joch der Triebe, also den Menschen klug genug,
sich von seiner Dummheit besiegt zu sehen.

Wer nicht sagt, was er denkt, will auch nie so gemeint haben,
was er sagte.

Philosophen denken sich eine Welt aus, in der unsere Paradoxe so trivial
würden wie unsere Selbstverständlichkeiten widersinnig.

Keine Überlegung kann allgemeingültig nachweisen, dass sie ungültig ist.

Die Kirche hatte Recht, als sie Kopernikus nicht glaubte:
wir wissen heute, dass sich nicht alles um die Sonne dreht.

Prinzipiell Unwiderlegbares ist nichtssagend und Zuvielsagendes
unentscheidbar, aber welche Formen der Unmöglichkeit sind möglich?

Christentum heißt: Das Reich Gottes führte zur Befreiung vom römischen
Reich, aber die Befreiung von Weltreichen nicht zum Gottesreich.

Der Himmel ist die Hölle der Amüsierwilligen,
die Hölle der Himmel der Griesgrame.

Wer Menschen beherrscht, indem er ihnen dient, ist noch kein Christ.

Die längste Zeit des Lebens machte kurzen Prozeß mit ihm.
Die kurze Zeit, die mir bleibt, soll mir lang werden.

Deutsche haben mehr Gewissen als Wissen, mehr Verantwortung
als Antworten und sind lieber *einer* als eigener Meinung.

Hegels Invektiven gegen Individuen und Aphorismen gleichen denen
gegen Frauen mit ihrer „Launenhaftigkeit, Subjektivität und Zufälligkeit".

Daß Gott unerkennbar sei, ist ein unerkennbares Faktum über letzte Dinge an sich: Urteil, daß Metaphysik unmöglich sei, ist schon metaphysisch.

Utopiefreie Himmel sind selber utopisch.

Die Theorie praktischer Realisierung von Theorien
ist praktisch nicht mehr realisierbar.

Wer Entscheidungen als Erkenntnisse maskiert oder wahres Wissen
als freien Willen, weiß nicht, was er will oder will nicht, was er weiß.

Der Mensch hat ein besonders tiefes Bedürfnis nach Dingen,
die gar kein menschliches Bedürfnis befriedigen.

Auch das reine Wissen um seiner selbst willen hat einen guten Nutzen.
Es dient unserem guten Willen nach Wissen um seiner selbst willen.

Atomphysik heißt, ich breche dir den Knochen und siehe:
Er besteht aus zwei Hälften.

Der Leib bewegt die Seele und der Körper bewegt den Geist
wie die Fahne den Sturm.

Aphorismen : In keinen Zusammenhang gerissene Auseinandersätze.

Historiker schreiben mehr Geschichte als Politiker,
und Clausewitz erklärt seinem Leser den Krieg.

Es ist das Ziel jeder Versklavung, sie unfühlbar zu machen –
Sklaven wie ihren Haltern.

Geh nicht auf mich ein: Du gehst ein und in mir auf.

Gib dir einen Rat und ein Rätsel auf: Nichts ist weniger banal als das einfachste Leben und nichts komplizierter als das Triviale aller Logik.

Inzucht? Adam und Eva können sich *erkennen*, weil sie miteinander verwandt sind als Kinder desselben Vatergottes oder derselben Mutter Natur.

Mit dem Rücken zur Wand sitzt man gern und steht man schlecht.

Die alten Griechen waren schöne Jünglinge, und heute ist man bei der Geburt schon mehr als zweitausend Jahre alt.

Trag den Hohlkopf höher oder lass ihn gedankenschwer hängen.

Niemanden zur Staatsraison zu bringen, ist im Rechtsstaat irrational.

Die meisten Menschen müssten unsterblich sein.
Wer hat einen Geist, den er aufgeben könnte?

Gute Gedanken bohren an Spreng-Sätzen.

Die Konsenstheorie von Habermas ist sinnfrei, weil prinzipiell unwiderlegbar : Wer sie kommunikativ bestreitet, gibt ihr schon Recht.

Geradlinigkeit wird krummgenommen.

Aufregend unaufgeregt: Aus Lüge folgt eher Logik als Lüge aus Logik.

Je tiefer die Abneigung, desto tiefer die Verneigung, und umgekehrt.

Sozialismus ist nicht gut genug für mich,
und ich bin nicht gut genug für Kapitalismus.

Auch unbekannte und freche Personen zählen zum Personal.

Bètise. Ein Hund wird nicht angekettet, wenn er eine Bestie ist, sondern gilt als Bestie, wenn er angekettet bleibt.

Wer ist schlecht genug, um Knecht zu sein?

Die Kund(ig)en. Da alle ungleich sind und Gleiches brauchen,
verdienten sie gleichen Lohn für ungleiche Arbeit.

Nähmen die unangenehmsten Jobs das meiste Geld ein,
gäbe es keine akademischen Stümper.

Logik : Mathematik sollte zu nichts anderem führen als zu Mathematik.

Wer Arzt nicht würde für Gold, würde es für saubere oder heilende Hände.

Kriegten Köche keinen Mindestlohn, sondern Ärztinnen nicht mehr als sie,
könnten sie einander heiraten.

Lebe, also friste die Frist bis zur Hölle in deiner Höhle oder Höhe!

Die Schwäche schmeichelt sich, Stärken nie zu ehren
und Schwächen nie zu wehren.

Gebt Reichen das Risiko, gut und Armen die Chance, böse zu werden.

Die Maschine erhält nun vom Bediener, was der Blaumann vom Kaufmann
und der Kaufmann vom Edelmann forderte.

Ist Logik die einzige Form, die Natur und Geist gemeinsam haben?

Nicht wenige Genies entpuppen sich als verkannte Ingenieure.

Als Evolutionsprodukte erkennen wir von der Welt nur,
was unserer Selbsterhaltung frommt – außer ihrer Logik.

Seit die Kirche nicht mehr mit der Hölle drohen mag, schlimmer als Krieg,
kann sie nicht mehr mit dem Himmel locken, schöner als Sieg.

Nimm es ihnen. Gib es ihnen. Aber nur schriftlich.

A(nti)pathie. Liebe ist unlogisch, „weil der Degen in die Scheide geht,
so geht auch die Scheide in den Degen" *(Schopenhauer)*

Aber nun mal im Ernst

Mathematik ist so schwierig, weil sie so trivial ist,
und vielen so langweilig wie unanfechtbar.

Die Muttersprache ist Metasprache der Logik, die Metasprache aller Wissenschaftssprachen ist, die Metasprachen aller Umgangssprachen sind.

Unsaubere und ungefährliche Genüsse sind Ersatzbefriedigungen.

Wer über Formelsprachen der Physik spricht, formuliert eine Metaphysik,
aber Metaphysiker müssen nicht metaphorisch über Physiker reden.

Die Hauptsache ist eher Chef- und Ansichtssache als Tatsache,
und mein Haupt wirkt nebensächlich.

Was du überall suchst, wirst du überall finden.

Natura, Mortura. Du bist nur Einer und denkst dir vieles,
der Weise ist so manches und denkt nur an das Eine.

Die Welt ist nichts, was der Einzelfall beliebiger Gattungen ist,
sondern alles, was die Gattung beliebiger Einzelfälle ist.

Was du siehst, macht dich verrückt, und was du übersiehst, vernünftig.

Wer wissen will, weiß noch nicht zu wollen, und wer viel zu wollen weiß,
will wenig wissen.

Verkleidet als Laster wird jede Tugend attraktiv.

Die Welt will lieber eine Revolte, die alles will, als eine, die nichts will.

Gottesbeweis? *Dass* alles mit natürlichen Dingen zugeht,
geht natürlich nicht mit natürlichen Dingen zu.

Gefühle sind leichter zu lügen als zu leugnen.

Absolutistisch wird auch Herrschaft, die alles relativiert.

Wer endlich mehr Taten sehen will als Tatsachen,
sieht bald mehr Untaten als Untätigkeit.

Philosophie denkt, dass in einer Sache mehr steckt
als in allen Philosoph(i)en.

Auch Antifaschisten waren oft Antisemiten und Atheisten.

Die Bestseller machen die Bestseller. Moderne Kunst wäre nie Massenware geworden, wäre sie radikal gewesen wie Elfenbeinturmbau.

Deutete Freud unseren Widerstand dagegen,
noch Widerstand gegen ihn zu entwickeln?

Was sich verschlimmern lässt, kann noch unverbesserlich gut
oder schlecht sein.

Erstmals erfahren nun Physiker von unbelebter Natur mehr
als Geisteswissenschaftler von menschlicher Natur.

Das Ding, von dem du wahrhaft einen Begriff hast,
erfüllt damit nach Plato noch nicht seinen wahren Begriff.

Im Zentrum steht immer die einzige Kultur, die sich dort nicht sieht.

Was nützt es den Lesern, die Welt mit Kafkas Augen zu sehen,
wenn sie unfähig sind, einen „Prozess" dagegen zu schreiben.

Die immer in Bewegung sind, scheuen vielleicht das Urteil.

Konservativ heißt ein Autor, der lieber für schon tote
als für noch ungeborene Leser schreibt.

Die Religion wollte alle Gesellschaften, unsere Gesellschaft
will alle Religionen vereinen, als wären sie ein und dieselbe.

Der Künstler zeigt seinen Kunden nicht mehr die Welt, sondern nur noch, dass sie keine Künstler sind.

Die Mehrheit will die Freiheit der Minderheiten, d.h. die Fesselung des Genies.

Meine Philosophie hat System : ein systematisches Verschwiegensein.

Gegen allgemeine Menschenrechte spricht, dass gemeine Privilegierte richtig dafür sind.

Da keine Elefanten im Porzellanladen mehr erlegt werden dürfen, gibt es keinen Elfenbeinturm mehr, aus dem sie geschossen werden.

Oben ohne. Hast du nichts überm Haupt, hast du auch nichts überm Hals.

Kultur liegt nun darin, fremde Kulturen anzuerkennen, ohne sie zu kennen – samt der eigenen.

Wer Schlimmes hören will, darf keinen von sich reden lassen, und gute Menschen mit bösen Ideen verdrängen schlechte Leute mit guten Ideen.

Ein Christ verzeiht, was er uns antut, ein anderer rächt das Recht, das er uns gibt.

Indiskutabel. Gestritten wird meist mit Argumenten, nicht über sie.

„Alles war deutlich, weil nichts zu sehen war." *(Gerd Gaiser)* Welche Philosophie regt eher an zum Überlegen als zum Auslegen?

Wer keinen Gott kennt, der jede Personenmaske aufsetzen könnte, ist keine Person, die *ich* sagen dürfte.

Mach dich zum Opfer deiner Wünsche, so entwaffnest du deine Freunde.

Gott : der einzige, der nicht aus Eitelkeit seine Ideen vollkommen machte.

Leih dein Ohr keinem Autor, der dir eher sein Auto als sein Auge leiht.

Sä fleißig und sei für die Ernte zu faul. Es gibt entweder Frieden oder Fortschritt : permanent durch Katastrophen verzögerte Apokalypse.

Intoleranz ist die Gewissheit, dass andere Recht haben,
und Toleranz die Gewissheit, dass sie Recht auf ihr Unrecht haben.

Meines Erachtens ist jeder beachtlich. Dann wird er geachtet.
Dann beobachtet. Dann verachtet, und nun geächtet. Oder umgekehrt.

Recht merkwürdig, dass Schopenhauer seinen verhassten Willen
vom geliebten Vater und sein geliebtes Wissen von der verhassten Mutter
geerbt haben wollte.

Geschichte schwankt, ob eher der Starke reicher ist als der Schwache
oder der Reiche mächtiger als der Arme.

Der Himmel bleibt, wenn auch nicht immer himmlisch angehimmelt.

Ungeschliffene Sentenzenschleifer. Es gibt nur noch das Dogma, dass es
keins mehr geben soll. *Dass* etwas unerkennbar ist, wäre unerkennbar.

Wer unter der Herrschaft von Leidenschaften leidet, befreit sich
eher durch Machenschaften als durch Wissenschaften.

J. L. Borges. Menschen sündigen so gern,
weil das Paradies eine Bibliothek sein könnte.

Der himmlische Vater wird zum christlichen Sohn,
doch dieser zu keinem leiblichen Vater, da er keinen hatte.

Mit Dichtern kann man nun eher Steckenpferde als den Pegasus stehlen.

Rebell wird, wer nicht mehr respektiert, als was er respektiert werden will.

Religion entdeckst du, wenn Selbstanbetung nicht mehr reicht.

Macht ist, was macht, dass wir wollen, was wir sollen.

Obrigkeitsdenken und Untertanengeist heißt heute Selbstverwirklichung, die kreativste Form, unkreativ zu sein.

Geschmack hat inzwischen, wer abgeschmackt findet, was ihm schmeckt.

Logische Schlüsse eröffnen praktische Entschlüsse, aber Praxis widerlegt keine Theorie, da jede gute Theorie das aktive Leben entkräftet.

Um den Witz bei der Sache zu finden, muss man sie ernst genug nehmen, und wer sich lustig macht, hat Lust, ernstgenommen zu werden.

Offenbarung für alle : Phänomen, das zur Verschlusssache selbst kommt.

Der einzige rationale Nutzen von etwas ist der praktische Nutzen nicht von reinen Theorien, sondern für reine Theorien.

Ein Sohn des Pastors kann Atheist werden oder andere Theologien wählen.

Stammen 200 Jahre nach Kant unsere kategorialen Gegenstandsformen aus den formallogischen Urteilsformen von Russell statt von Aristoteles?

Plato schlug die Sophisten und meinte die Demokraten; der Sophist schlug die Idealisten und meinte die Sklavenhalter.

Kunst gestaltet, dass und warum etwas ungestaltbar ist, und macht das zum Gehalt.

Das sanfte Gesetz. Klare Fernblicke auf flache Tiefebenen: Sonne und Seen, Lüfte und Düfte, Sträucher und Steine, Büsche und Bäume, Himmel und Hügel, Wasser und Weite, Blumen leuchten, Bäche rieseln, Wälder raunen und Wiesen ruhen, Felder schimmern und Vögel trillern, Winde sausen und Wolken ziehen ...

Utopie : auf Sand im Getriebe gebaute Halbwelt.

Der Autor hält sich für verkannt und wird für überschätzt gehalten.

Wirrwahr im Krimskrams, Zickzack im Hickhack
Elementares über tobende Elemente

Jeder ist auch die Schlange im Paradies.

Wer die Herrschaft ewigen Friedens will, verewigt die Tyranneien.

Es gibt noch Neues über der Sonne – und über die Sonne.

Un(zu)gehörig. Demokratien überwinden jede Partei der Überparteilichen.

Bürgertum 2000 : Rückzug vom Staat in staatlich regulierte Privatsphären.

Dass jedes Hirn seine Welt selbst erzeugt, hat es entweder selbst erzeugt
oder außerhalb von sich entdeckt.

Ni désirer, ni refuser. Praxis bestätigt empirisch widerlegte Theorien,
und Erfahrung bewährt praktisch widerlegte Theorien.

Sozialimperativ : Sei so gut und gönn dir nicht mehr, als von allen Gütern
jedermann beanspruchen dürfte – selbst die Nachkommen.

Menschen schildern heißt, sie hinter Schilde oder Schilder zu stellen.

Für kleine Herren gibt es keine großen Knechte.

Rechtsprechung ist revidierte Rechtschreibung der Geschichtsschreiber.

Das Grab gilt als Graben, der dich von Himmel und Ahnen trennt
und bald von Erde und Enkeln trennen wird.

Architektur, die Ruinen ruiniert, wirkt modern.

Eine Regel in Kraft zu setzen, ist die Ausnahme, die sie bestätigt,
und das geltende Recht ist der verhängte Ausnahmezustand.

Wer seine Fahne nach dem Wind hängt, den er macht,
hat die Macht oder einen Knall.

Gesellschaft ist die Frage, ob Penner vor Bankern
oder Banker auf Penner affig wirken.

Heute ist alles machbar und verkäuflich. Sogar diese Lüge.

Moderne Elendsberichte : Appetitzügler als Appetizer.

Wir wachsen ein, was uns verletzt,
und eitern den aus, der uns bereicherte.

Wer viel sagt, sagt nichts Vielsagendes, doch viel Nichtssagendes.

Angst kann sich bestrafen mit Tollkühnheit und Übereifer mit Faulheit.

Wer zu etwas aufschauen soll, muss auf anderes herabsehen dürfen u. u.

Es ist falsch, wenn aus Logischem Empirisches folgt,
denn empirisches Urteil kann falsch sein.

Wer die Wahrheit findet, erwirbt das Recht, ihr Märtyrer zu werden.

Soll man Philosophien logisch formalisieren oder Logikkalküle
philosophisch interpretieren oder weshalb beides unterlassen?

Gibt es notwendige oder nur mögliche Bedingungen unmöglicher Praxis?

Die Idee von etwas, das nicht mehr subjektiv ist, ist so subjektiv,
wie es objektiv stimmt, dass es subjektive Ideen gibt.

Der Aphoristiker verliert so wenige Worte, dass er das letzte behält.

Heidegger : Das Nichts sagt gleich alles, wo das All nichts mehr besagt.

Nichts wirkt vielsagender als vieles Nichtssagende
und nichts nichtssagender als zu viel Vielsagendes.

Kinkerlitzchen als Kippfiguren

Zwing mich nicht, mich durch Schmeicheln zu mindern
wie dich durch Tadeln.

Niederes wirkt tiefer und Besseres höher: Wer oben steht, sucht Tiefe,
und dem Untertan ist alles zu hoch.

Pop oder Volk? U-Kunst nimmt sich ernst, E-Kunst unterhält.

Heroismus oder Hedonismus? Wer noch mehr Freiheit und scharfe Sinnlichkeit will, kämpft längst für Leergut und Stumpfsinn.

Wer sich hier gehen lässt, kommt ins Schwitzen
und wirkt leichtfertig, wo er schwer schuftet.

Kurzatmig oder kurz angebunden? Aphoristiker sind keine Kurzarbeiter.

Welchen Autor überleben mehr als drei Sentenzen,
und welches Bonmot kennt weniger als drei Verfasser?

Je weniger kleine Kinder, desto mehr große Gefühle will die Liebe.

Frei wirkt, wer von zu wenigem bestimmt wird oder von zu vielem.

Geld fließt weniger für Lebensnot als für Kunst, die über sie erhebt.

Demokratie diktiert Moden und lässt über objektive Wahrheit abstimmen.

Als Egoist gilt schon, wer mit schwachen Kräften haushalten muss.

Ein Theater ist auch ein Schauspiel : eine Komödie, wenn man flennt,
eine Tragödie, wenn es brennt.

Erwachsene wären kein Wachs in den Händen des Wachstums.

Missbraucht wirkt schon, wer zu schüchtern war, Nein zu sagen.

Franzosen entwickeln sich, um (beurteilbare) Gestalt anzunehmen. Deutsche entwickeln sich immer weiter, vom Formlosen zum Unförmigen.

Fortschritt ist der Aufstieg vom Hungerödem zur Magersucht.

Ohne Sexualobjekte gibt es so wenig Liebe wie ohne Sexualtabus.

Du hast dich ausgesperrt. Der Schlüssel zu allem liegt drinnen. Und wo ist der Schlüssel zu diesem Schlüssel?

Freiheitsdurst und Machthunger streiten, wo sie eins sind; Wissensdurst und Bildungshunger verwechseln sich, weil sie nie eins sind.

Niegeliebte müssen leiden, Vielgeliebte lassen leiden.

Gähnt uralter Abgrund oder innere Leere, vor Müdigkeit oder Langeweile?

Machthunger und Freiheitsdurst setzen jeden auf halbe Ratio.

Verfolgungswahn macht Pioniere.

Unglaublich, was alles glaubt, wer nichts versteht, und wie wenig versteht, wer gar nichts glaubt.

Der kleine Mann arbeitet für wenig Geld, das große Geld für Müßiggänger

Im Ich wie im Witz hängt zusammen, was im All nicht zusammengehört, wie im Gemüt auseinander folgt, was im Gehirn auseinanderfällt.

Habenichtsnutz. Materielles Eigentum wird besser geschützt als geistiges, dem es sich verdankt.

Geschmackvolles ist zum Kotzen, doch Brechts Kotze hochkulinarisch.

Eine Sache *hinter* der andern, ein Satz *nach* dem andern, doch ein Sinn *im* anderen : Eine Sentenz, die drei Sätze zugleich sagt, ist ein Gemälde, das drei Bilder zugleich zeigt.

Wer nicht protestiert und nichts sagt, kann später sagen,
er habe nicht mitgejubelt.

Ich halte und verkaufe mich nicht für dumm. Ich bin nicht klug genug.

Welcher Hirnforscher kann freiwillig seinen Willen untersuchen
und seine Überzeugung von dessen Freiheit aufgeben?

Wer Windparks sät, wird Maschinensturm ernten,
und Wichtigtuer allein oft halten sich für Wald- und Klimakiller.

Eher werden Barbaren mit Geld als Sklaven mit Geist abgefunden.

So depressiv wie danach wirken Franzosen nur ohne Koitus
und Deutsche auch davor.

Wer wirkt selbstbezogener als der Selbstbezwinger
und selbstloser als der Selbstverwirklichte?

Gebildet wirkt, wen das Chaos frommer macht als der Kosmos.

Pop(anz). Wer allen nach dem Munde reden will, verteidigt Fraß und Suff,
Sex und Sport gegen die „Heuchelei des geistigen Lebens".

Von allem lässt Kunst die wesentlichen,
Wissenschaft die unwesentlichen Züge weg.

Je kurzlebiger die Produkte, desto langlebiger die Produzenten,
die immer für die Jugend sind, also für die jüngsten Waren.

Erwachsene einigen sich, Kindsköpfe vereinigen sich.

Nothink is nothing. Plato setzte die eine Wahrheit über die eine Welt
gegen sophistische Wahrheiten über atomistische Welten.

Erst denken, dann handeln? Erst reden, dann nichts mehr tun!

Ein Kind redet offen, ein Großer öffentlich.

Liebe unterscheidet sich von Lust dadurch,
dass sie nicht nur wieder klaren Kopf kriegen will.

Ihren Willen halten Gesetzestreue für frei, Gesetzesbrecher für unfrei.

Unverständliche Formeln der Forscher führen zu verständlichen Produkten, unverständliche Sätze der Denker zu verständnislosen Protesten.

Maschinen sind keine Arbeitabnehmer mehr, sondern harte Arbeitgeber.

Einst war die Einheit mit dem All erotisch,
nun will gemeiner Sex Verschmelzung mit der AllGemeinheit.

„Zur Sache!" ruft der Redner. „Zur Rednerschule!" ruft der Sachkundige.

Kultur, die Menschenleben nicht bereichert, sondern erst ermöglicht,
heißt Zivilisation.

Erträge. Der Reiche kann nichts ertragen, der Arme nichts als ertragen.

Lockes gemeiner Wille aller verhält sich zu *Rousseaus* Allgemeinwillen
wie die Französische zur Russischen Revolution.

Große Kunst muss frei sein, von großem Vormund und großer Nachfrage.

Die Welt kann sich nicht ausdrücken. Sprichst du über sie,
drückst du dich aus, und sprichst du von dir, drückst du sie aus.

Dass es Widersprüche gibt, ist keiner,
und dass es keine neuen Ideen gibt, ist auch eine.

Für Luxus mussten Schufte nie schuften. Fürs Lebensnotwendige muss
ich, nach einem Vierteljahrtausend der Maschinen, immer noch schuften.

Rot ist weder gelb noch blau, doch das Rot, das nicht blau ist,
ist nicht das Rot, das nicht gelb ist

Forscher können mutmaßen, Täter aber Mut messen.

Einst haben Produkte Wünsche erfüllt, die sie nicht erst wecken mussten, einst werden sie Wünsche wecken, die sie nicht mehr erfüllen können.

Wieviel überflüssigen Mist muss man in der Überflussgesellschaft kaufen, um seinen verhassten Job nicht zu verlieren?

Gerechtigkeit gilt als einschlägig mehrfach vorbestrafte Gerichtsbarkeit.

Existenzkampf um Gelder besiegt den Konkurrenzkampf der Geister.

Wunscherfüllung erhielt das Ziel, genügend unbefriedigt zu lassen.

Sozialgerecht : Wer weniger Geld (ver)braucht, muss mehr rackern.

Wer schuften will, (be)dient Maschinen. Wer nicht schuften wollte, ließe sie für sich arbeiten.

Träume von Idyllen und erwache in Utopien!
Plane Paradiese und erwache in Lagern.

Ein Ball ist sichtbarer als das ballförmig fliegende Loch dort im Raum.

Ist es folgerichtig, logisch zu denken, oder vernünftig,
Vernunft anzunehmen von dir und Verstand zu verlieren wie ein Spiel?

Innerbetriebliche Mitbestimmung: Irrenhausselbstverwaltung der Insassen.

Mach es besser oder mich schlecht!

Ist es bestimmt gut, dass jeder von Natur zu nichts Bestimmtem gut ist?

Doppelt verneint ist nicht bejaht: Wer was weder gut noch schlecht findet, sagt nicht, es sei nicht gut, sondern sagt, es sei nicht schlecht.

Autor(ität)en. Wer schreibt, der bleibt – weg. Was er schreibt, das bleibt – aus. Warum und wozu er schreibt, das bleibt – offen und dunkel.

Üblichkeit setzt allem Übel (und Glanz) die Tarnkappe auf.

Berechnende Logik menschlicher Beziehungen
ist nicht Psychologie mathematischer Relationen.

Ob verstimmt, ob hochgestimmt : Du bist bestimmt zur Selbstbestimmung,
doch bei Abstimmungen bestimmt nicht überstimmt.

Um Arme zu bereichern, darf man nicht *ihre* Sprache sprechen.

Heute darf man die Wahrheit sagen, aber nur noch sie.

Aphoristische Halbwahrheit gilt als intransparente Halblüge.

Gott hilft uns, aber nicht gegen Bedrohung durch fremde Hilferufe.

Es gehört sich nicht, dass Menschen zu denen gehören,
denen sie gehören oder die ihnen gehören (und gehorchen).

Wir sind heute frei, jeder darf reich und geistreich, schön und klug,
charmant und mächtig sein.

Nette Tyrannen sind anziehender als grobe Freunde.

In freien Ländern kann man sich seine Ausbeuter selbst wählen
und ihnen die demokratischen Freiheiten freiwillig überlassen.

Geschmack ist nicht Geschmackssache. Sehr viele Menschen sind nichts
Besonderes. Nur rätselhafte Werke eines unbekannten Genies.

Um länger auf Erden zu weilen,
sollte man sich länger langweilen (lassen).

Wer Grund hätte, stolz zu sein, ist es nicht: Er kann nichts für das,
was er zufällig kann, und *dass* man sich selbst etwas beibringen kann,
das kann man sich nicht selbst beibringen.

Wer andere trifft, übertrifft sich nicht selbst, und wer sich beherrscht
und besiegt, ist sich unterlegen und unterworfen.

Wer schwache Gegner hat, hat schon kräftig verloren.

Gelebt hast du nicht, weil du stirbst; du stirbst, obwohl du nicht gelebt hast

Immer neue Geschichten! Und man versteht sie nicht,
weil man die uralten nicht mehr kennt.

Noch immer lebt deine Lebensqualität von fremder Lebensqual.

Um glücklich zu werden, braucht man zu viel Glück,
und um unglücklich zu werden, zu wenig Unglück.

Besiegt bessere *Einfühlung* den Konkurrenten
oder den Konkurrenzkampf?

Gib dein Leben hin für deine Vitalität und mach dich fitter für den Tod!

Forscher können nicht erklären, warum sie die Natur erklären können,
aber erklären, wozu sie unerklärlich sein könnte.

Ursachen sind unbekannt. Bekannte sind Schuldige.

Eine armer Deutscher kennt reiche Deutsche, aber keinen armen Polen.

Zur Sache kommen nur Schwache. Starke kommen zu sich und zu Geld.

Kulturtechniken. Man lernt (Gebrauchsanleitungen) lesen, (Bewerbungen)
schreiben und (mit Bestrafung) rechnen.

Der Arme ist mehr, als er hat; der Reiche hat mehr, als er ist.

Ein Bestseller schildert Brandneues auf abgedroschene Weise,
ein Dichter Sattsambekanntes auf unerhörte Art.

Keine Gerechtigkeit ohne Unrichtigkeit,
keine Richtigkeit ohne Ungerechtigkeit.

Medizin morgen : Mehr Gehirntumore bei Leseratten und Bücherwürmern.

Die ganze Wahrheit sagt nicht, wer aphoristische Bruchstücke zusammenfügt. Man weiß nie, wie viele fehlen und ob sie passen.

Gegen Todesangst hilft nur Furcht, die Zeit verkürzt, oder Langeweile, die das Leben verlängert.

Rohstoffarme Energie-Erneuerung, überschuldete Rentnerdemokratien und erderwärmte Finanzkrisen : Gibt es Fortschritte gegen Fortschritte?

Gibt es die reale Außenwelt oder nur Hirngespinste? Stammst du von Gott oder von Affen ab? Habe ich Glück oder Krebs? Dem gesunden Menschenverstand liegt die Wahrheit auch hier in der Mitte.

Die Macht fürchtet nicht engagierte, sondern nichtengagierte Bürger. Die sind unberechenbar.

Philosophen denken kaum noch, sie handeln nur noch. Mit Begriffen.

Stehen und liegen und platzen lassen. Arbeitsstellen werden immer mehr Arbeitslager und Fußballplätze Arbeitsplätze.

Ein Brotbrett vorm Kopf gilt nicht mehr als Wissen, doch Erkenntnis nur noch als Surfbrett vorm Holzkopf.

Wer heute mehr leisten muss, kann sich auch mehr leisten – nur nicht, weniger zu leisten (oder Verzicht).

Eliten wünschen die Opposition politisch engagiert – also kontrollierbar.

Beute(l). Wer ihn bringt, wird um ihn gebracht, nicht umgebracht: Ist der Mehrwert abgeschöpft, heißt der Wertschöpfer minderwertig.

Wer für sich bleibt, ist gegen uns, und wer für uns ist, ist gegen sich.

Wirtschaft heißt : Man ist Junkie *und* Hure seiner Süchte und geht für seine Drogen bei Dealern lebenslänglich anschaffen.

Lieber Einsamkeit durch Adorno als Gemeinschaft durch *Madonna*.

Unsere Naturwissenschaft ist wahrscheinlich wahrer als ihre Vorfahren und falscher als ihre Nachfahren, und ihr traut man nun Endgültiges zu?

Welt in 7 Tagen konzipiert. Warum soll Gott nicht geplant haben, kausal, quantenrelativistisch und evolutionär vorzugehen, mit Startbedingungen und Jahrmilliarden, Naturgesetzen und Naturkonstanten?

Glaubt den Theologen leichter, wer Physiker nicht versteht, und versteht die Natur schon, wer Gott nicht braucht?

Du musstest mehr lernen und willst dafür später mehr verdienen. Ich durfte länger lernen und müsste dafür später weniger verdienen.

Maschinen produzieren nur noch Spaßbedürfnisse statt für die Notdurft, doch *Maschinenstürmer* sind nur noch die jüngsten Automaten.

250 Jahre Industrie. Maschinen wollten mal Knochenjobs und Routinearbeit abschaffen, um uns frei zu machen für Geistesarbeit, doch nicht kindische Spielbedürfnisse schaffen, für die noch mehr zu schuften wäre.

Als religiös gilt, wer dem Sterbebett ein Himmelbett aufschließt.

Lob freut den einen und ärgert die übrigen, Tadel trifft einen und freut die anderen. Und Liebesunfähige halten sich für liebenswerter.

Erfolg. Geist folgt dem Gold, Geld verfolgt den Geist und befolgt Geister.

Suche das einzig Wahre, und du wirkst nie unvoreingenommen.

Handarbeitern kracht die Schwarte, damit Kopfarbeiter Schwarten lesen.

Der alte Grieche hatte Sklaven, damit er ruhig philosophieren konnte. Der junge Europäer hat Maschinen, damit er sie hektisch bedienen kann.

Man bedient eine Maschine – wie der Diener seinen Herrn.

Der Staat sichert uns vor allen Feinden. Wer sichert uns vor dem Staat? Du schützt dich vor dem Staat. Wer schützt dich vor dem Übrigen?

Weitere Aphorismenbände des Autors

„Der Mensch ist, was er verg-isst /
Kosmostheorie gegen Gemeinschaftspraxis", 2007

„Zwergrätsel, Satiren und Zwickmühlen –
Auswahl von Aphorismen", 2017

„Mit einem Satz ins Freie –
Reflexionen, Urteile und Sentenzen", 2018

„Aphorismen, Bonmots und Reflexionen –
Neue Auswahl aus mehreren Bänden", 2019

„Sturmvögel lachen über Gipfelstürmer –
Gedanken zwischen 2019 und 2021", 2021

„Eine Ameise mit Bienenfleiß hat eine Meise –
Ausgewählt dumme Sprüche", 2022